FORMAÇÃO HUMANA

Pessoas tóxicas: Como lidar com elas? 20
Violência psicológica: Como lidar com isso? 48
Afinal, o que é a empatia? 71
A Solidão do nosso tempo 79
Tecendo a infelicidade 88

INTERESSE GERAL

Alguns dados sobre a religiosidade dos brasileiros apontados pelo Censo 7
10 dicas para planejar sua viagem sem depender de agências 11
7 dicas úteis para organizar melhor sua vida financeira 47
O cuidado com a autoimagem, mais do que vaidade, um ato de amor-próprio 56
O que é ecologia Integral? 58
Copa do Mundo FIFA 2026 terá novidades 69
Fibromialgia: A doença que afeta milhões de pessoas 80
Golpes mais aplicados contra clientes de bancos 86

MUNDO REDENTORISTA

A Missão permanente dos Redentoristas nas grandes cidades do Brasil 5
Paróquia São Geraldo Majella em Sorocaba torna-se Santuário Arquidiocesano 21
Redentoristas celebram 300 anos de nascimento de São Geraldo Majella 28
Missões Redentoristas: "Ide pelo mundo inteiro e anunciai o Evangelho a toda criatura" 40
CAS: Cuidar da vida, fortalecer vínculos e transformar histórias 94

AMENIDADES

O significado de cinco expressões que usamos em nosso dia a dia 12
Faça você mesmo 25
Humor Santo 33
10 dicas de comportamento e etiqueta para convidados em festas e eventos 62
Humor e Medicina 67
Lobisomem Made in Brazil 72
Curiosidades sobre algumas unidades de medida 78
10 dicas úteis para melhorar a escrita e ser claro no que se quer informar 90

RECEITAS

Asinha de frango agridoce 17
Biscoito de geleia 26
Bolo de iogurte 46
Cupcake de chocolate 66

PARA REZAR

Consagração a Nossa Senhora, com as palavras de Santo Antônio de Sant'Anna Galvão 10
Oração a Nossa Senhora Rosa Mística 39

CALENDÁRIOS

Calendário Agrícola 98
Calendário Litúrgico 100
Calendário 2027 112

Palavra do Reitor
Pág. 22

300 anos do nascimento de São Geraldo
Pág. 28

Horto do Padre Cícero
Pág. 49

70 anos do programa Consagração a Nossa Senhora
Pág. 82

AJUDAMOS VOCÊ A SEMEAR O AMOR À PALAVRA DE DEUS COM OS PEQUENOS!

A **Bíblia Devotos Mirins** convida a criançada a aprender sobre as Sagradas Escrituras com a Turma do Tijolinho, por meio de ilustrações coloridas e linguagem apropriada ao universo infantojuvenil.

+ 90 MIL BÍBLIAS CATEQUESE **VENDIDAS**

A **Bíblia Aparecida Catequese** é a edição da Bíblia Sagrada que acompanha as crianças e os jovens na catequese. Traz um encarte especial, com conteúdo voltado à iniciação à vida cristã:

os sacramentos, os mandamentos da lei de Deus e da Igreja, a contemplação dos mistérios do Terço e orações essenciais para todo cristão.

ADQUIRA JÁ A SUA BÍBLIA

e proporcione momentos de oração e catequese, com fé e diversão.

0800 016 0004 | livrariasantuario.com.br

APARECIDA UNE O BRASIL EM UMA SÓ DEVOÇÃO, FÉ, ESPERANÇA E EVANGELIZAÇÃO!

Os brasileiros, vindos de todas as regiões deste imenso país, encontram-se em Aparecida. Aqui, esse encontro de pessoas das mais diversas realidades sociais, econômicas, geográficas e culturais manifesta a força, a vitalidade e a riqueza da fé viva e encarnada de nossa gente. Aparecida é o lugar onde a Boa-Nova de Jesus é anunciada; é o lugar para onde todos acorrem a fim de pedir as bênçãos de Deus pela intercessão de Nossa Senhora.

Em Aparecida, os devotos revivificam e fortalecem sua experiência de fé em Jesus e no Pai, na companhia da Mãe Aparecida, por meio da acolhida que recebem, da escuta atenta à Palavra de Deus, da participação nos sacramentos, em especial na Eucaristia e na reconciliação, e pela partilha da vida com os outros irmãos e outras irmãs que também se fazem presentes.

Maria é, por excelência, o modelo de fé e seguimento. Inspirados por ela, os devotos encontram forças para prosseguir sua caminhada, mesmo diante das adversidades da vida. Assim, fortalecidos e revigorados, retornam a suas casas e a suas realidades, com esperança renovada no coração e motivados a continuar seguindo Jesus como Igreja peregrina neste mundo.

Com esta edição do Almanaque de Aparecida – Ecos Marianos, queremos convidar você, querido leitor devoto, a aprofundar ainda mais sua fé, sua devoção, sua esperança e seu sentido de pertença à Igreja. Os conteúdos aqui reunidos foram cuidadosamente preparados por nós, da Editora Santuário, em colaboração com nossos parceiros, autores e amigos que, com generosidade, ajudaram a tornar esta edição possível.

Que este Almanaque se torne um instrumento de graça em sua vida. Ao meditar sobre seus conteúdos, renove sua comunhão com Cristo, fortaleça seu testemunho no mundo e encontre, na Mãe Aparecida, consolo e firmeza para a caminhada de fé.

Boa leitura!

Editora Santuário

SUMÁRIO

ECOS DO SANTUÁRIO

Usina São Francisco é mais um projeto de responsabilidade ambiental do Santuário 8
Rádio Pop une fé, informação e entretenimento 14
Tradição e devoção marcam a corrida Mãe Aparecida no Santuário Nacional 18
Palavra do Reitor: Nossa Jornada é Bíblica, em busca da Esperança! 22
Suas tardes em boa companhia com a TV Aparecida 23
Jovens de Maria 31
Romarias a Aparecida unem o Brasil pela fé e mostram a diversidade da Igreja 32
Família dos Devotos: um pilar para a Evangelização na casa da Mãe 38
Arquivo A e desafios da Igreja: A elaboração de grandes reportagens 41
Atividades Pastorais no Santuário Nacional fortalecem a fé e devoção dos romeiros 45
Devotos Mirins 52
TV Aparecida acompanhou passo a passo a eleição do sucessor de Pedro, Papa Leão XIV 61
Rádio Aparecida celebra 75 anos existência 64
Ponto de Encontro, acolhimento e segurança para os devotos no Santuário Nacional 68
Receptivo Equestre: acolhimento para romarias a cavalo 74
Ministério de coroinhas e cerimoniários integra fé, formação e serviço 76
Dia do Sertanejo: uma tradição nascida na Rádio Aparecida e celebrada há mais de seis décadas 84
20 anos da TV Aparecida: Uma trajetória de fé pioneirismo e inovação 91
Do Humano ao Divino: A missão do jornalismo da TV Aparecida 92
Devotos podem realizar o sonho de se casar no Santuário Nacional 96

HISTÓRIA E MEMÓRIA

1700 anos do Concílio de Niceia e sua importância para a Igreja 34
Os 40 anos do acidente nuclear de Chernobil 44
A história do Morro do Cruzeiro em Aparecida 50
Academia Marial: 40 anos propagando a devoção Mariana 54
Ecos há 40 anos 70
70 Anos do Programa Consagração a Nossa Senhora 82

IGREJA NO BRASIL E NO MUNDO

Campanha da Fraternidade 2026 aborda a temática da moradia digna 13
As Irmãs Mensageiras do Amor Divino e o trabalho social 36
Conheça um pouco mais sobre a vida do Papa Leão XIV 42
Do sonho do Padre Cícero à missão dos Salesianos em Juazeiro: A história do horto do Padre Cícero 49
Conheça o CEFEP: Centro Nacional de Fé e Politica "Dom Hélder Câmara" 89

FORMAÇÃO CRISTÃ

A Virgem Maria e a Igreja nascente 06
Os gestos e as palavras na liturgia 16
A Devoção a Nossa Senhora da Cabeça 30
Celebrações Marianas do Ano litúrgico 43
Maria, a Bem-Aventurada 60
Todo comunicador católico precisa 85
Palavras que Rezam: A força da fé na nossa língua 93
Ano Litúrgico C - São Lucas 99

EXPEDIENTE

Publicação dos Missionários Redentoristas
Registro nº 324.104 de 17/01/1966

Direção Editorial:
Pe. Edvaldo Manoel Araújo, C.Ss.R.

Coordenação:
Daniel Siqueira

Projeto Gráfico:
Equipe de Criação Editorial

Capa:
Mauricio Pereira

Revisão:
Luana Galvão
Sofia Machado

Marketing e Vendas:
Equipe Editora Santuário

Fotos de Nossa Senhora:
Thiago Leon

Imagens Ilustrativas:
Adobe Stock

EDITORA SANTUÁRIO
www.editorasantuario.com.br
editorasantuariooficial

A MISSÃO PERMANENTE DOS REDENTORISTAS NAS GRANDES CIDADES DO BRASIL

Hodiernamente, torna-se cada vez mais evidente na Igreja a consciência de que não temos simplesmente uma missão (tarefa) para ser realizada, mas que somos missão! Afinal, "a Igreja não possui uma missão, mas a missão possui uma Igreja"; a essência e natureza da Igreja são missionárias. Se isso se aplica para a vida eclesial e de todo cristão batizado, não pode ser diferente para a Congregação Redentorista, pois sua razão de ser e existir é fundamentalmente missionária! Por conseguinte, nossa missão estará sempre imbuída dessa identidade do ser missionário que se refletirá em tudo o que realizarmos!

Desse modo, diante dos muitos apelos e muitas necessidades de nosso mundo, não podemos ser indiferentes nem omissos em oferecer nossa parcela de contribuição para que se construa o Reino de Deus! Se assim não fosse, estaríamos em contradição com o projeto de Jesus Cristo. Este deve envolver todas as realidades humanas para poder proporcionar ao ser humano, especialmente aos mais pobres, a verdadeira vida plena! No entanto, como não é possível estarmos em todas as situações que clamam por redenção, temos de estabelecer algumas prioridades que tornem efetiva nossa solidariedade com os mais necessitados!

Por causa disso, nós, da Província Redentorista Nossa Senhora Aparecida, temos uma presença em lugares que são considerados grandes centros urbanos e que comportam boas oportunidades de missão, mas representam, ao mesmo tempo, reais desafios pela complexidade, pelo número de pessoas e pelas situações sociais e estruturais nas quais estão inseridos. Concretamente estamos nos referindo a importantes capitais da região Sudeste (São Paulo, Rio de Janeiro e Belo Horizonte) e da maior capital da região Nordeste – Salvador, na Bahia, que estão dentro da área geográfica que forma nossa Província. Obviamente que nossa presença é pequena, quando se consideram as inúmeras demandas existentes. Porém não deixa de ser uma presença significativa e marcante, sobretudo quando destacamos realidades como a que temos no coração da capital mineira, o Santuário Arquidiocesano São José! Ele representa um oásis religioso e evangelizador em meio ao cenário marcadamente urbano! Em geral, nossas igrejas e paróquias, também as de periferia dessas grandes cidades, sinalizam uma missão permanente e qualificada por terem a característica de serem lugares acolhedores, dinâmicos, trabalhando em comunhão com as Igrejas locais e com a CNBB. Há um diferencial que garante nosso serviço como realmente missionário, pois sempre haverá, em uma igreja genuinamente redentorista, a oportunidade para os sacramentos, para as bênçãos e os aconselhamentos, para a formação humana e religiosa que leva ao crescimento integral na vida de fé! Urge a conversão missionária, pessoal, pastoral e estrutural!

Enfim essas nossas igrejas e nossos santuários das grandes cidades não são agências de prestação de serviços religiosos, mas, principalmente, espaços vitais de convivência e vivência comunitária da fé e lugares para formar a consciência eclesial, cidadã e missionária de todos os batizados. Será desse modo que estaremos cumprindo o mandato do Redentor: "Ide, então, fazei de todos os povos discípulos" (Mt 28,19).

Pe. Marlos Aurélio, C.Ss.R.
Superior Provincial da Província Redentorista Nossa Senhora Aparecida

A VIRGEM MARIA E A IGREJA NASCENTE

A Virgem Maria tem uma presença relevante no cristianismo, desde as primeiras comunidades, como podemos perceber nas Sagradas Escrituras. Seja nos Evangelhos ou nas cartas que os Apóstolos escreveram para as comunidades cristãs, a Virgem Maria recebe seu destaque, e isso é inegável.

Em meio à realização do mistério pascal, o Evangelista João apresenta a Virgem Maria, que permanece em pé aos pés da Cruz, onde recebe a missão de ser mãe da Igreja (Jo 19,25). Nos Atos dos Apóstolos, podemos contemplá-la, unida em oração, com os Apóstolos: "todos eles perseveravam na oração comum, junto com algumas mulheres e Maria, mãe de Jesus, e com os irmãos dele" (At 1,14).

Desde o início do cristianismo, ela se torna motivo de debates e discussões. Com "a afirmação, mais antiga do Novo Testamento, de que Jesus foi 'nascido de mulher' (cf. Gl 4,4-5), fez-se necessário que a cristologia se ocupasse também da Mãe de Jesus". Isto é, a presença da Virgem Maria nas sagradas escrituras leva os teólogos a refletir sobre sua importância e sua missão diante do Plano de Salvação de Deus.

A Igreja nascente vê a Virgem Maria como ícone da fé viva, um modelo de entrega total a Deus. Ela é chamada de "Nova Eva", aquela que é obediente. Sua fé é sem reservas, mesmo sem compreender plenamente os caminhos de Deus. Por isso se torna espelho da Igreja, que, peregrina na história, é chamada a acolher e gerar Cristo para o mundo e confiar nele.

Em Maria, a Igreja encontra seu modelo perfeito: fiel, orante, aberta ao Espírito e totalmente entregue à vontade de Deus. Sua presença silenciosa, mas fundamental na Igreja primitiva, é um convite à comunidade cristã de todos os tempos: seguir com confiança e humildade o caminho de Cristo.

Podemos perceber que a Virgem Maria se faz presente no nascimento da Igreja, e isso se dá na realização do mistério pascal. Nós a vemos presente na primeira comunidade cristã, enviada, pela força do Espírito Santo, para viver a missão. Esses primeiros cristãos entendem a singularidade da missão de Maria e buscam viver, desde o princípio, um culto, uma devoção mariana. Em síntese, podemos afirmar que, desde os primeiros momentos da comunidade cristã, a Virgem Maria é reconhecida não apenas como a mãe do Salvador, mas também como modelo de fé, obediência e discipulado, assim como deve ser reconhecida por nós, seus devotos.

Pe. Caio Oliveira, C.Ss.R.
Associado da Academia Marial

ALGUNS DADOS SOBRE A RELIGIOSIDADE DOS BRASILEIROS APONTADOS PELO CENSO

O Instituto Brasileiro de Geografia e Estatística (IBGE) divulgou, em junho de 2025, dados sobre a religiosidade dos brasileiros, recolhidos a partir do Censo de 2022. O levantamento indica que, na última década, ocorreu uma diversificação religiosa no Brasil: os católicos continuam em queda; o ritmo de crescimento dos evangélicos, embora ainda seja grande, diminui; e há um aumento do número de pessoas que se declaram sem religião.

Católicos:
Os Católicos, que em 2010 eram 65,1%, agora representam 56,7% da população brasileira. Houve uma queda de 13,7%. Em números absolutos, são agora 115 milhões de pessoas.

Evangélicos:
Os Evangélicos, que em 2010 eram 21,6%, são agora 26,9% da população brasileira. O Censo mostra que o ritmo de crescimento dos evangélicos está menor do que na década anterior. Entre os evangélicos, o maior grupo pertence à Assembleia de Deus, que soma mais de 29% do total.

Religiões de matriz africana:
As religiões de matriz africana, por exemplo, o candomblé, umbanda entre outras, que em 2010 era 0,3%, atualmente representa cerca de 1% da população brasileira. Em números absolutos, são mais de 20 milhões de adeptos.

Pessoas sem religião:
As pessoas que se declaram sem religião, ateias, que, em 1980, representavam 1% da população brasileira, em 2022, passaram a representar 9,3 da população, aumentando cerca de 9 pontos percentuais, em 40 anos.

Da Redação/ IBGE

USINA SÃO FRANCISCO É MAIS UM PROJETO DE RESPONSABILIDADE AMBIENTAL DO SANTUÁRIO NACIONAL

"E Deus viu que a luz era boa..." (Gn 1,4). Desde os primeiros dias da criação, a luz do sol é símbolo da presença generosa do Criador. Uma fonte inesgotável de energia que, quando usada com responsabilidade, beneficia o ser humano e o meio ambiente.

Inspirado por essa visão e em sintonia com a encíclica Laudato Si', do Papa Francisco, e também em comemoração aos 800 anos do Cântico das Criaturas, o Santuário Nacional de Aparecida deu um passo significativo em direção à sustentabilidade com a inauguração da Usina Fotovoltaica São Francisco. A entrega oficial aconteceu em 11 de julho do último ano, no início da Romaria da Família dos Devotos.

Essa usina visa ampliar o uso de energia limpa dentro do Santuário e em todo o seu complexo, como o Centro de Eventos Padre Vítor Coelho de Almeida, o Centro de Apoio ao Romeiro, a Cidade do Romeiro e os hotéis. A expectativa é que a energia gerada supere até 65% do consumo mensal registrado nesses locais.

Antes da implantação, uma série de estudos foi realizada para avaliar os melhores locais para a instalação dos painéis solares. As opções consideradas incluíam áreas dentro do próprio Santuário Nacional, como estruturas nos estacionamentos e espaços da Cidade do Romeiro. Coincidentemente, esse planejamento foi iniciado em março de 2022, mês dedicado a São José pela Igreja Católica. Após a análise, o local escolhido para abrigar todo o sistema foi a Fazenda São José, pertencente à instituição, considerada a alternativa mais viável para a implantação do sistema fotovoltaico.

Hoje, a área de implantação da usina é equivalente a 80.837,99m^2. Cerca de 12 mil

placas solares, com aproximadamente dois metros cada uma, captam a luz do sol e a transformam em energia limpa, ou seja, uma energia que não polui o meio ambiente.

Características que impressionam

A Usina Fotovoltaica São Francisco é também uma resposta direta à Carta Apostólica Fratello Sole ("Irmão Sol"), em forma de motu próprio, publicada em junho de 2024. O documento cita que a transição para fontes de energia limpa é urgente e necessária para proteger a criação e os mais pobres, os mais afetados pelas mudanças climáticas.

Nesse contexto, apresenta, em seus detalhes, um cuidado concreto com a Casa Comum, ao ser um sistema que oferece:

• Geração limpa e silenciosa: não emite gases poluentes (como CO_2, NOx ou SO_2), evitando a contribuição para o aquecimento global e a chuva ácida. Além disso, não gera ruídos – ao contrário de usinas eólicas ou térmicas –, o que minimiza a perturbação da fauna local;

• Baixíssimo uso de água: utiliza quantidades mínimas de água, apenas para limpeza dos painéis, diferentemente de hidrelétricas e termoelétricas que consomem grandes volumes para resfriamento e operação;

• Longa vida útil e reciclabilidade: os painéis têm vida útil estimada entre 25 e 30 anos, com desempenho decrescente, mas ainda funcional. Possuem componentes como vidro, alumínio e silício, que podem ser reciclados ao fim do ciclo de uso, reduzindo o passivo ambiental.

A geração anual estimada da usina é de 10.200 MWh, o que representa a redução de aproximadamente 5.100 toneladas de CO_2 lançadas na atmosfera a cada ano. Esse volume de energia limpa é suficiente para abastecer cerca de 5.600 residências ao longo de um ano, reduzindo significativamente a dependência de fontes convencionais e poluentes.

Todos esses aspectos vão além de soluções tecnológicas. São, sobretudo, um testemunho concreto de responsabilidade ecológica e de um verdadeiro compromisso com a Casa Comum.

Ludimila Barbosa
Assessoria de Imprensa do Santuário Nacional

CONSAGRAÇÃO A NOSSA SENHORA, COM AS PALAVRAS DE SANTO ANTÔNIO DE SANT'ANNA GALVÃO

Este texto adaptado foi extraído da Sagrada escravidão a Maria Santíssima, de Frei Galvão, no ano de 1766. Como verdadeiro franciscano, defensor da Imaculada, ele escreveu a Cédula de consagração total, declarando seu amor, sua dependência e defesa dessa compreensão, acerca do desígnio de Deus a sua serva, Maria.

"Entrego-me por filho(a) e perpétuo(a) escravo(a) da Virgem Santíssima, minha Senhora, com a doação livre, pura e perfeita de minha pessoa, para que de mim disponha conforme sua vontade, gosto e beneplácito, como verdadeira mãe e senhora minha. E vós, Soberana Princesa, dignai-vos aceitar esta minha pessoa. Não duvideis em admitir a vosso serviço este vil servo(a). Em vossas piedosíssimas mãos, entrego meu corpo, minha alma, meu coração, entendimento, minha vontade e todos os demais sentidos, porque, de hoje em diante, corro por vossa conta e todo sou vosso. Em meu coração, arda sempre o fogo de vossa piedade e esteja sempre mais aceso para desejar o que for mais justo, mais puro e mais perfeito das virtudes. Eu vos ofereço todos os meus pensamentos, todas as minhas palavras e obras, e tudo o mais meritório que fizer e indulgências que ganhar, para que apresenteis junto com vossos merecimentos a vosso Filho Santíssimo, dispondo vós de todos eles conforme for vossa vontade, e se for de vosso agrado."

– Eu (N.), consagro-me à Imaculada Conceição.

Retirado do livro Manual do Devoto de Frei Galvão, da Editora Santuário

10 DICAS PARA PLANEJAR SUA VIAGEM SEM DEPENDER DE AGÊNCIAS

Viajar é mais do que se deslocar; é permitir que a alma atravesse fronteiras. Já explorei mais de 300 cidades pelo mundo e aprendi que todo lugar, por menor que seja, por mais simples ou com pouca estrutura, guarda sempre uma beleza própria. A companhia também faz toda a diferença: você pode estar em Nova York ou Paris, mas, se a pessoa ao lado não for especial, a viagem pode se tornar apenas blasé. As maiores descobertas que vivi não foram em grandes capitais, mas no silêncio de uma cidadezinha nas montanhas da Bolívia, quase desconhecida por estrangeiros, e entre as comunidades ribeirinhas do Pará. Foi ali, nos detalhes, que entendi que cada lugar carrega sua poesia. Sempre montei meus próprios roteiros e, em cada caminho, confirmei a frase de Mário Quintana: "viajar é trocar a roupa da alma". Se você deseja começar a viajar sem depender de agência, aqui estão 10 dicas que podem abrir caminhos:

1. Crie sua lista de desejos: anote todos os lugares que sonha conhecer e, ao planejar, avalie qual deles se encaixa melhor no momento, seja pelo orçamento, pela estação do ano ou pela fase da vida.

2. Pesquise com carinho: leia sobre a cultura, o clima e os costumes locais. Informação é a chave para uma boa experiência.

3. Estabeleça um orçamento: saiba quanto pode investir e divida entre transporte, hospedagem, alimentação e passeios.

4. Use a tecnologia a seu favor: aplicativos ajudam a comparar preços, reservar hotéis e se locomover com segurança.

5. Monte um roteiro flexível: planeje os pontos principais, mas guarde espaço para o inesperado. Surpresas são parte da viagem.

6. Viaje leve: malas práticas tornam os deslocamentos mais fáceis e libertadores.

7. Deguste a culinária local: comer onde os moradores comem é uma forma saborosa de mergulhar na cultura.

8. Caminhe sempre que puder: além de econômico, permite ver detalhes que passam despercebidos de carro ou ônibus.

9. Converse com os moradores: a hospitalidade local pode revelar segredos que nenhum guia turístico mostra.

10. Registre, mas viva o agora: fotos guardam memórias, mas estar presente é o que realmente marca a alma.

Viajar por conta própria é abrir-se ao inesperado, aprender com o caminho e deixar que cada destino escreva uma nova página de sua história.

Sofia Machado

O SIGNIFICADO DE CINCO EXPRESSÕES QUE USAMOS EM NOSSO DIA A DIA

1. Tapar o sol com a peneira

A Peneira é um instrumento circular, de madeira, plástico ou metal, com o fundo preenchido por uma grelha, tela ou malha fina, utilizada para separar os produtos sólidos dos líquidos, ou os pequenos dos grandes fragmentos. Qualquer tentativa de tapar o sol com a peneira será inglória, uma vez que o objeto é permeável à luz. A expressão teria nascido dessa constatação, significando atualmente um esforço malsucedido de ocultar uma ação fracassada ou negar uma evidência.

2. Bicho de sete cabeças

Tem origem na mitologia grega, mais precisamente na lenda da Hidra de Lerna, monstro com sete cabeças, as quais, ao serem cortadas, renasciam. Matar esse animal foi um dos doze trabalhos realizados por Hércules. A expressão ficou popularmente conhecida, por representar a atitude exagerada de alguém que, diante de uma dificuldade, coloca limites à realização da tarefa, até mesmo por falta de disposição para encará-la.

3. Com o Rei na barriga

A Expressão provém da época das grandes monarquias, em que as rainhas, quando grávidas do soberano, passavam a ser tratadas com deferência especial, pois iriam aumentar a família real e dar herdeiros ao trono. Em nossos dias, refere-se a uma pessoa que dá muita importância a si mesma.

4. Ver passarinho verde

Significa estar apaixonado. O passarinho em questão é uma espécie de periquito verde. Conta uma lenda que rapazes apaixonados, dos séculos XVIII e XIX, adestravam o bichinho para que ele levasse no bico uma carta de amor para a namorada. Assim, o casal de apaixonados tinha grandes chances de burlar a vigilância dura dos pais, comum naquela época.

5. Testa de ferro

Emanuel Filisberto, conhecido como Testa de Ferro, era neto de Dom Manuel, rei de Portugal. Seu pai era o italiano Carlos III, Duque de Savoia. Com a morte do pai, Emanuel se tornou Duque de Savoia, rei da ilha do Chipre e de Jerusalém. Embora tivesse o título de rei para essas localidades, não detinha nenhum poder verdadeiro sobre tais regiões. Por isso a expressão é atribuída a alguém que, embora apareça como responsável formalmente por um negócio ou empreendimento, não tem nenhum poder efetivo sobre tal atribuição.

da Redação

CAMPANHA DA FRATERNIDADE 2026 ABORDA A TEMÁTICA DA MORADIA DIGNA

A Conferência Nacional dos Bispos do Brasil (CNBB) divulgou que a Campanha da Fraternidade de 2026 irá tratar da temática da moradia digna e da solidariedade. O tema escolhido se liga com a temática da Casa Comum, tratada em 2025, de forma mais próxima, mais focada na casa física das pessoas.

O tema da Campanha 2026 é "Fraternidade e Moradia". E o lema, "Ele veio morar entre nós", tirado de João 1,14, trata sobre o nascimento de Jesus e, segundo o padre Jean Poul Hansen, secretário-executivo das Campanhas da CNBB, tem um profundo significado teológico, pois não revela apenas a morada física, mas também cada ser humano como morada de Deus.

Durante o lançamento do cartaz, ocorrido em agosto de 2025, padre Paul Jean Poul Hansen explicou que o tema escolhido pretende lançar luzes sobre o problema da falta de moradia e da precariedade de milhares de residências no Brasil, que não possuem serviços básicos de saneamento e sofrem com a falta de estrutura. Diante dessa situação, a Campanha pretende despertar a consciência de que ter acesso a uma moradia digna é também um sinal do Reino e uma expressão da vivência da fé cristã.

O cartaz da Campanha da Fraternidade 2026 traz, como destaque, a imagem da escultura do "Cristo sem-teto", do canadense Timothy Schmalz, deitado em um banco. Ao fundo, há a silhueta de uma cidade com casas, prédios e uma igreja, com uma cruz no centro.

Da Redação com CNBB

UNE FÉ, INFORMAÇÃO E ENTRETENIMENTO

Rádio Pop é parte da Rede Aparecida de Comunicação, ao lado da TV Aparecida, Rádio Aparecida e o portal A12. Dentro dessa grande rede, a Pop surge com uma proposta própria: uma emissora comercial, voltada para concorrer no mercado, carregando consigo o peso e a responsabilidade do nome Aparecida. Isso significa que, mesmo com foco no entretenimento, a rádio nunca perde de vista sua missão de levar conteúdo relevante, estar próxima da comunidade e ser também uma das vozes do Santuário Nacional no Vale do Paraíba.

Além da música e da informação, também reserva espaços importantes para a fé e a espiritualidade. Diariamente, são oferecidos momentos devocionais, que tocam a alma e fortalecem o coração. Às 15h, o Momento com Maria propõe um instante de oração e reflexão, conduzido com leveza e simplicidade. Já às 18h, a Hora da Ave-Maria emociona ao unir a devoção mariana à musicalidade sertaneja, um toque especial que conecta a fé às raízes do povo da região. A espiritualidade também se faz presente por meio do quadro Inspire-se, que traz mensagens breves em sintonia com o tempo litúrgico ou simplesmente inspirações para o dia a dia. São pequenas sementes de fé, na programação, que ajudam o ouvinte a manter viva sua conexão com Deus. Outro destaque é o programa Sou de Fé, apresentado por Pablo Soares. Com uma linguagem jovem, acolhedora e próxima, com formações que dialogam com a realidade do público, sempre em sintonia com a Igreja no Brasil, no mundo e com as diretrizes do Vaticano. Um verdadeiro espaço para fortalecer a caminhada cristã de maneira leve e atual.

A música também é parte essencial da identidade da Pop. Pensada para tocar o coração das pessoas, a grade musical tem como base o sertanejo, seguido do pop, pagode e outros estilos que estão presentes no gosto popular. Importante dizer também que tudo que vai ao ar na Rádio Pop passa por um olhar atento e responsável, respeitando os valores cristãos e evitando letras que contrariem o que a Igreja prega. É entretenimento, sim, com responsabilidade e propósito.

Com uma programação extensa, está ao vivo de segunda a sexta, das 6h às 21h. Há o Rodeio da Padroeira em duas edições, seguido do Bom Dia Pop Show, Hora + e o Pop Plus, além dos programas especiais aos fins de semana. São conteúdos que misturam informação, diversão e carinho por quem está do outro lado do rádio.

No fim das contas, a Rádio Pop é isto: um espaço de encontro, alegria e espiritualidade. Um canal em que fé, informação e música caminham juntas, criando vínculos reais com quem ouve. Essa é sua essência.

Paula Castro
Coordenadora da Rádio Aparecida e Rádio Pop

POP Plus
O HORÁRIO NOBRE DA SUA NOITE COMEÇA AQUI!
Com Gaby Pedroso no comando, de segunda a sexta, a partir das 19h.
NA SINTONIA 90,9 FM
Acesse o QR Code abaixo e descubra onde ouvir a Rádio POP!
a rádio
pop FM

OS GESTOS E AS PALAVRAS NA LITURGIA

A Igreja ainda experimenta, em nosso tempo, processos de renovação de sua vida teológica, pastoral, litúrgica e espiritual. Essas transformações se inspiram no Concílio Vaticano II, que, por meio de seus documentos, nos testemunha um ponto de chegada e um porto seguro, do qual a Igreja parte, com o escopo de amadurecer e fazer acontecer com renovado ardor missionário sua missão no mundo.

Entre as muitas transformações engendradas por este importante evento eclesial, está o da renovação e reforma da vida litúrgica da Igreja. O processo foi orientado por meio da publicação *Sacrosanctum Concilium*. Esse é o primeiro documento conciliar que, na história da Igreja, buscou tratar de sua vida litúrgica de forma bem ampla e precisa. Nele a comunidade eclesial encontrará os elementos necessários, para dar um novo impulso à liturgia da Igreja, com a finalidade de compreendê-la e experimentá-la, como fonte perene de espiritualidade cristã.

Ao percorrermos as páginas desse importante documento, constatamos a sensibilidade e sabedoria dos padres conciliares de estabelecerem parâmetros claros e precisos sobre a necessidade de renovar e reformar os ritos e as preces da Igreja. Por meio da liturgia, os membros do corpo de Cristo prestam culto a Deus, com Cristo, no Espírito. Esse culto forma a comunidade eclesial, que é chamada a ter os mesmos sentimentos de Cristo. Desse modo, por Cristo chegamos ao Pai e com Ele desejamos ser santos, como o Pai do céu é Santo.

O culto prestado pelos cristãos a Deus, que é sempre trinitário, não se dá de qualquer forma, mas por intermédio de ritos e preces. Por meio de gestos e palavras, em uma ação litúrgica, temos acesso ao Mistério Pascal que celebramos e atualizamos em cada encontro celebrativo, vivido pela comunidade eclesial.

Com gestos e palavras, a comunidade eclesial testemunha, em suas ações litúrgicas, o caminho percorrido, para atingirmos o mistério, que na ação litúrgica se desvela e transforma o coração do discípulo, que se coloca na presença de seu Senhor, para rezar. Os gestos unidos às palavras testemunham como a vida litúrgica da Igreja é dinâmica.

Em síntese, podemos afirmar que os gestos e as palavras na liturgia são meios com os quais nos comunicamos com o mistério de nossa fé. Por isso eles devem ser sempre compreendidos como caminhos que nos ajudam a tomar consciência de nossa vocação e missão de discípulos do Senhor.

Pe. Rodrigo Arnoso, C.Ss.R
Professor de Liturgia

Sabor de Vida

ASINHA DE FRANGO AGRIDOCE

> INGREDIENTES

- 1 kg de asinha de frango;
- 1 litro de água;
- 1 colher de sopa de sal;
- 1 colher de sopa de açúcar;
- Pimenta-do-reino em grãos a gosto.

> INGREDIENTES PARA O MOLHO

- 1 pote (170g) de iogurte natural;
- 1 colher de sopa de extrato de tomate;
- 1 colher de sopa de molho de pimenta;
- 1 colher de sopa de mostarda;
- 1 colher de sopa de tomilho seco;
- 1/2 colher de chá de alho em pó;
- 1/2 colher de chá de cebola em pó;
- Azeite, sal e pimenta-do-reino a gosto.

> MODO DE PREPARO

1° Misture todos os ingredientes do molho até ficar homogêneo;

2° Cubra as asinhas de frango com o molho preparado;

3° Leve para assar em forno pré-aquecido a 160 °C, coberto com papel alumínio, por 1 hora;

4° Retire o papel alumínio, aumente a temperatura do forno para 200 °C e deixe as asinhas caramelizarem;

5° Finalize com rodelas de limão por cima antes de servir.

FOTOS: JUANA TANNÚS/TV APARECIDA

ACOMPANHE O PROGRAMA **SABOR DE VIDA DE SEGUNDA A SEXTA-FEIRA, ÀS 13H, NA TV APARECIDA**

ACESSE TODAS AS RECEITAS AQUI.

TRADIÇÃO E DEVOÇÃO MARCAM A CORRIDA MÃE APARECIDA NO SANTUÁRIO NACIONAL

Assim como milhares de peregrinos que, guiados pela fé, percorrem diversos trajetos a pé até Aparecida, em 2016 o Santuário Nacional lançou um convite para que uma nova geração experimentasse essa mesma vivência: ser peregrino ao correr ou caminhar pelos pátios da Basílica.

Foi assim que nasceu a Corrida Mãe Aparecida, uma iniciativa que, naquele momento, surgiu para compor as comemorações dos 300 anos do encontro da Imagem. Unindo fé, saúde e tradição, a corrida hoje já se consolida no calendário do Santuário Nacional, atraindo participantes de diversos estados e celebrando a devoção que conecta o Brasil inteiro à Mãe Aparecida.

Em 2025, o evento chegou a sua 8ª edição, consolidando-se ainda mais no calendário dos participantes. Diferente de outras corridas, o que a torna especial é seu caráter religioso. Tradicionalmente, os corredores participam de uma missa dedicada aos atletas e, antes da largada, recebem a bênção, com aspersão de água, dos Missionários Redentoristas.

Em profunda sintonia com a proposta espiritual do evento, a edição de 2025, realizada no dia 14 de junho, foi promovida em comunhão com o Jubileu dos Esportistas, celebrado pelo Vaticano na mesma data, em ocasião do Ano Santo da Igreja Católica. A Corrida Mãe Aparecida teve como tema "Aqui se vive o Ano Santo" e atraiu inúmeros participantes.

Participação nacional

A prova reuniu 5.500 corredores, entre profissionais e amadores, que participaram tanto como desafio pessoal quanto como expressão de fé e devoção. Os atletas vieram de 18 estados diferentes do Brasil, o que evidencia a importância crescente da corrida e sua consolidação entre os praticantes desse esporte.

Estiveram presentes corredores de estados distantes, como Amazonas (2.703 km até Aparecida), Amapá (2.609 km), Pará (2.393 km), Ceará (2.236 km), Paraíba (2.066 km) e Pernambuco (1.977 km).

Também participaram atletas da Bahia, Distrito Federal, Espírito Santo, Goiás, Minas Gerais, Mato Grosso, Mato Grosso do Sul, São Paulo, Rio de Janeiro, Santa Catarina, Paraná e Rio Grande do Sul.

Novidades na edição 2025

Em 2025, a Corrida teve novidades. Além das tradicionais categorias, a caminhada participativa de 4 km e a corrida competitiva de 4 km, a prova de 8 km foi ampliada para 9 km, incluindo um trecho de 1 km pela Avenida Getúlio Vargas, na área externa da Basílica de Aparecida, proporcionando uma experiência única aos participantes. Todos que concluíram o percurso receberam uma medalha especial de participação.

Infraestrutura e legado

O Santuário Nacional, como organizador, oferece sempre uma infraestrutura completa para que todos os participantes e seus acompanhantes sejam bem acolhidos. Estão disponíveis sanitários, guarda-volumes, pontos de hidratação ao longo do percurso e uma equipe de apoio composta de brigadistas, bombeiros e ambulâncias, assegurando conforto e segurança a todos.

Cada vez mais próxima de sua 10ª edição, a Corrida Mãe Aparecida tem se tornado um evento que vai muito além do esporte, deixando sua marca na história do Santuário Nacional e no coração de participantes de todo o Brasil.

Ludimila Barbosa
Assessoria de Imprensa do Santuário Nacional

PESSOAS TÓXICAS: COMO LIDAR COM ELAS?

Em algum momento da vida, todos nós já nos sentimos esgotados após conviver com alguém. São relações que, em vez de nos fortalecer, parecem drenar nossas energias. Popularmente, chamamos essas pessoas de "tóxicas", mas na verdade estamos falando de comportamentos e interações que prejudicam nosso bem-estar emocional.

É importante compreender que ninguém é totalmente tóxico o tempo todo. O que costuma acontecer é que determinados comportamentos (por exemplo, críticas excessivas, manipulações emocionais, desrespeito aos limites ou vitimismo constante) acabam se repetindo a ponto de desgastar a relação entre pessoas. E o resultado disso? Ansiedade, frustração e até mesmo sintomas físicos de estresse em quem convive de perto.

Reconhecer os sinais é o primeiro passo para lidar com situações como essa. Se, após encontrar determinada pessoa, você se sentir culpado sem um motivo aparente, emocionalmente drenado ou com sua autoestima abalada, esse pode ser um indicativo de que há algo em sua relação com essa pessoa que precisa ser revisto. Em casos mais extremos, pode ser saudável reduzir o contato ou até mesmo se afastar por completo.

Você pode se questionar: então, como se proteger? Antes de tudo, é essencial praticar o autoconhecimento: entender como você se sente e quais são seus limites. Em seguida, comunicar-se de forma clara e firme, sem agressividade. Por fim, contar com o apoio de amigos, familiares e profissionais pode fazer toda a diferença, pois conversar sobre o que está acontecendo ajuda a enxergar a situação por outros ângulos e tomar decisões mais seguras.

Dizer "não", quando necessário, não é egoísmo, mas uma forma de cuidar de si mesmo. Muitas vezes, temos medo de decepcionar o outro e acabamos assumindo compromissos ou tolerando comportamentos que nos ferem. No entanto, ao estabelecer limites, estamos preservando nossa energia emocional e garantindo espaço para aquilo que realmente importa em nossa vida.

Lembre-se: não temos controle sobre o comportamento dos outros, mas podemos escolher como cuidar de nossa própria saúde emocional. Relações saudáveis são aquelas em que respeito, afeto e confiança caminham juntos. Esse é o caminho para relações mais leves e verdadeiras.

Daniel Corrêa Leite de Oliveira
Psicólogo
CRP 06/136105

PARÓQUIA SÃO GERALDO MAJELA EM SOROCABA TORNA-SE SANTUÁRIO ARQUIDIOCESANO

No ano de 2012, os Missionários transferiram o Seminário Redentorista São Geraldo, que, desde 1951, forma os futuros Irmãos Redentoristas, da cidade de Potim, SP, para Sorocaba, SP. No ano seguinte, no dia 16 de outubro, foi instalada a Paróquia São Geraldo Majela. A matriz é a igreja conventual anexa ao seminário e o atendimento pastoral se estende a outras seis comunidades.

Desde o início da presença redentorista, a Paróquia São Geraldo destacou-se no atendimento frequente das confissões, celebrações eucarísticas, acolhimento dos fiéis e incentivo à piedade popular, com destaque para as novenas de São Geraldo e de Nossa Senhora do Perpétuo Socorro. Como centro religioso acolhedor e de atendimento pastoral, aos poucos, a igreja foi sendo percebida e denominada como Santuário.

Na aproximação do ano Jubilar da Esperança, a Igreja foi declarada lugar sagrado de peregrinação para as peregrinações arquidiocesanas. Nessa ocasião, foi feito o pedido do Superior Provincial ao Arcebispo Metropolitano de Sorocaba para que declarasse oficialmente a Igreja Matriz de São Geraldo como Santuário Arquidiocesano. O pedido foi prontamente aceito pelo Conselho de Presbíteros e por Dom Julio Endi Akamine, SAC.

No dia 27 de abril de 2025, com a celebração eucarística presidida pelo Arcebispo, realizou-se a abertura das comemorações do tricentenário do nascimento de São Geraldo Majela na Província Nossa Senhora Aparecida. Nesse dia, a Igreja Matriz da Paróquia, dedicada ao Santo Irmão, foi erigida como Santuário arquidiocesano.

Presentes, nesta celebração, o Superior Provincial, Pe. Marlos Aurélio da Silva, C.Ss.R, o Vigário-Geral da Arquidiocese, Pe. Fernando Henrique Giuli Batista, o Pároco, o Reitor, Pe. Luiz Cláudio Alves de Macedo, C.Ss.R., o Reitor do Santuário Basílica de São Geraldo, em Curvelo (MG), Pe. Vinícius Geraldo Ponciano, C.Ss.R., e vários outros sacerdotes redentoristas, diocesanos e diáconos. Havia também muitos Irmãos, Junioristas, Oblatos e Leigos Redentoristas.

O Santuário, localizado na região norte de Sorocaba, cidade com 760 mil habitantes, desempenha um papel preponderante nessa realidade eclesial. A oficialização do Santuário confirma a atuação missionária dos redentoristas em Sorocaba, contribuindo com a Missão Evangelizadora da Igreja.

Você pode obter outras informações e conhecer mais sobre o Santuário São Geraldo Majela acessando: www.santuariosaogeraldo.com.br.

Pe. Luiz Cláudio Alves de Macedo, C.Ss.R.
Pároco Reitor do Santuário Arquidiocesano São Geraldo Majela

PALAVRA DO REITOR:

NOSSA JORNADA É BÍBLICA, EM BUSCA DA ESPERANÇA!

O Conselho ainda conta com oito conselheiros e o apoio da Assessoria Teológica, formada por sete assessores. A equipe de conselheiros e assessores é composta de leigos e religiosos, promovendo um olhar plural sobre os temas ligados à mariologia.

Proposto pelo Santuário Nacional, o Projeto Jornada Bíblica ensina que se revestir da Palavra de Deus é um ideal de vida. Nossa Jornada é um projeto pastoral em busca da esperança. Por meio da arte e da beleza, queremos que os devotos da Mãe Aparecida se aproximem das Sagradas Escrituras. Ao colorir as quatro fachadas do Santuário com passagens bíblicas, renovamos nosso compromisso com a Bíblia.

Queremos revisitar os principais episódios da Sagrada Escritura, transformando a Casa da Mãe Aparecida na maior Bíblia a céu aberto do mundo. A Palavra de Deus é a bela fachada de nossa vida.

A fachada norte retrata a história de libertação que Deus nos ofereceu. Sob a liderança de Moisés, o êxodo nos fez passar da casa da escravidão para a experiência da Aliança com Deus. A história do êxodo é um símbolo de nossa caminhada neste mundo. Queremos ser livres de todas as formas de escravidão que o mundo de hoje nos impõe.

Livres para a aliança com Deus, nosso objetivo é a páscoa de Jesus. A dolorosa experiência no deserto não tem o poder de roubar nossa firme esperança de caminhar rumo à terra prometida, uma terra sem males, sempre na direção da justiça e da paz.

Ao revestir a fachada sul com o tema da páscoa, revisitamos os momentos fundamentais da história da salvação destacando a presença de Maria no mistério de Cristo. No centro do cristianismo, está a pessoa de Jesus de Nazaré, sua encarnação, missão, morte e ressurreição.

Promovida por Cristo, a redenção é a ação divina que reconduz o universo à ordem primitiva estabelecida por Deus. Os mosaicos da fachada sul indicam que nossa vida cristã começa e termina no mistério pascal de Cristo, fonte e origem das abundantes bênçãos de Deus.

Revestimos a fachada leste com o tema da criação. O livro do gênesis ensina que Deus está na origem da criação do mundo e do ser humano. Tudo foi criado por Ele e para nosso bem. Deus cria livremente, por amor. Em uma linguagem cheia de poesia e sabedoria, a fé bíblica fala de um Deus único, criador e Senhor do universo.

Os mosaicos da fachada leste lembram que em Cristo habita toda a plenitude da divindade. Porque é o princípio e o fim de todas as coisas, Jesus Cristo sempre nos acompanha nesta jornada, em busca da Jerusalém Celeste, da fraternidade universal e da promoção da vida.

A fachada oeste está sendo revestida com os mosaicos do apocalipse, lembrando que Jesus Cristo é o Eschaton, o último definitivo de nossa vida. Mais do que falar do fim do mundo, o livro do apocalipse fala de profecia, resistência, denúncia, do testemunho e da esperança!

Dom Orlando Brandes, nosso querido arcebispo, sempre lembra que a Sagrada Escritura é portadora da especial mensagem que Deus quer nos comunicar. E, quando você olhar para as fachadas do Santuário, lembre-se de que somos uma pedrinha neste grande mosaico. Somos um fragmento colorido e brilhante que, nas mãos de Deus, ganha sentido e razão de ser. Junte-se a nós e convide quem você ama para fazer parte da Família dos Devotos.

Pe. Eduardo Catalfo, C.Ss.R.
Reitor do Santuário de Aparecida

Suas tardes em boa companhia com a TV Aparecida!

Conheça os programas que tornam suas tardes mais especiais!

Em 2025, a TV Aparecida celebrou 20 anos de história. E como forma deretribuir todo o carinho dos telespectadores, colocamos no ar uma programação especial para as tardes, repleta de alegria, informação, gastronomia, artesanato e conteúdos que fortalecem os laços familiares e a vida no dia a dia.

De segunda a sexta, as tardes começam espalhando alegria para os pequenos com o "Devotos Mirins Show" (12h45), onde Ana Lívia, com apenas 8 anos, leva brincadeiras, histórias e os encantadores desenhos da "Turma do Tijolinho". Logo após, o aroma da fé se mistura com os sabores da cozinha no "Sabor de Vida" (13h), com Chef Leonardo Roncon e Bianca Láua, trazendo receitas que aquecem o coração e a mesa da família brasileira. Na sequência, Abiane Souza e Guilherme Machado comandam o "Viva a Tarde" (15h30), um programa leve, acolhedor e cheio de conversas que fazem bem para a alma. Encerrando com o "TJ Aparecida" (16h45), que informa, orienta e conecta as pessoas às principais notícias, com a responsabilidade e credibilidade de Eduardo Miranda e Raiane Brancatti.

E aos sábados, Abiane Souza dá voz às histórias inspiradoras de mulheres de todo o Brasil no "Retratos Femininos" (13h). Depois, às 15h, o "Conectados pela Fé" traz assuntos ligados a realidade juvenil, com uma linguagem dinâmica e descontraída. E no domingo a tarde, é a hora do cinemana TV Aparecida, com filmes de sucesso no "Cine Família", às 16h.

A missão de evangelizar e levar esperança segue ainda mais forte com programas já conhecidos pelo público, porém em outros horários. O "Aparecida Interessa ao Brasil" começa às 11h35, o "Faça Você Mesmo" às 14h, e o "Escola de Maria" às 17h50. E claro, seguem firmes na grade as atrações que todos amam, como "Terra da Padroeira", "Aparecida Sertaneja", "De Papo com Amanda Françozo", "Aqui Tem Nordeste" e "Quarta Show", levando cultura, música e entretenimento a milhares de lares.

Tudo isso é pensado com muito carinho para todos que acompanham a TV Aparecida! Por isso, para aproximar ainda mais os espectadores da Mãe Aparecida, todos podem interagir com os apresentadores e sugerir temas para reportagens pelas redes sociais em @tvaparecida.

Sua participação, suas orações e seu amor nos ajudam a construir uma emissora cada vez mais evangelizadora. Assim, levamos fé, esperança e amor a milhares de lares brasileiros, sob o olhar amoroso da Rainha e Padroeira do Brasil.

Camila Couto
Marketing TV Aparecida

APARECIDA

Assista também pelo
Youtube da
TV Aparecida
Faça
Você
Mesmo
Rogério Chiaravalli te
convida para uma viagem
pelo mundo do artesanato!
De segunda a sexta, às
14h, na TV Aparecida.
Vem criar com a gente!
APARECIDA

Foto: Gabriela Souza/TV Aparecida

LISTA DE MATERIAIS:

- **Base de papelão** *(2 peças em formato oval — cerca de 10x15 cm cada);*
- **Tecido tricoline estampado;**
- **Renda;**
- **Passamanaria;**
- **Meias pérolas;**
- **Feltro** *(para o verso/acabamento);*
- **Fita de gorgurão** *(para unir as duas partes e pendurar);*
- **Mini rosas de EVA;**
- **Imagem do santo à sua escolha;**
- **Tesoura;**
- **Cola quente ou cola pano.**

PASSO A PASSO:

1 - Corte duas peças ovais de papelão *(uma para cada lado do escapulário);*

2 - Use essas peças como molde e corte dois pedaços de tricoline, deixando sobras de 1 cm ao redor;

3 - Cole o tecido sobre o papelão usando cola pano ou cola quente;

4 - Dobre as sobras para o verso e cole cuidadosamente, esticando bem para não enrugar;

5 - Contorne o formato oval com renda, colando com cola quente para dar um toque;

6 - Sobreponha a passamanaria por cima da emenda da renda ou ao redor da imagem central, para dar acabamento e destaque;

7 - Com a cola quente, cole as imagens dos santos de sua devoção no centro dos dois lados do escapulário;

8 - Aplique meias pérolas ao redor da imagem ou nas bordas para decorar;

9 - Cole mini rosas de EVA na parte inferior;

10 - Meça e corte um pedaço de fita de gorgurão para unir os dois lados do escapulário e formar a alça de pendurar;

11 - Cole a fita entre as duas bases ovais, deixando espaço suficiente entre elas;

12 - Recorte dois ovais de feltro do mesmo tamanho das bases;

13 - Cole na parte de trás de cada lado para dar acabamento e esconder as sobras de tecido.

Confira **todos os artesanatos** do programa aqui:

*Acompanhe o programa **Faça Você Mesmo** de **segunda sexta-feira, às 14h,** na **TV Aparecida!***

APARECIDA

BISCOITO DE GELEIA

Ingredientes
- 10 colheres de sopa de margarina
- Raspas da casca de laranja a gosto
- 2 xícaras de chá de mistura para bolo, sabor laranja
- 2 xícaras de chá de farinha de trigo

Recheio
- Geleia de sua preferência

Para polvilhar
- Açúcar refinado a gosto

Modo de preparo

Em uma vasilha, misture a margarina com as raspas de laranja. Aos poucos, junte a farinha e misture até obter uma massa que desprenda das mãos. Divida a massa em duas partes iguais e, com um rolo, abra-a separadamente em formato de retângulo. Passe geleia em uma parte da massa, cubra com a outra parte e corte quadrados de (3x3cm), com uma faca ou cortador de biscoito. Em assadeiras grandes, untadas e enfarinhadas, coloque os biscoitos e asse-os em forno médio, a 180ºC preaquecido, por cerca de 20 minutos ou até dourar levemente. Retire-os do fogo e polvilhe-os com o açúcar refinado.

REDENTORISTAS CELEBRAM 300 ANOS DE NASCIMENTO DE SÃO GERALDO MAJELA:

Na alegria da Celebração do Ano Jubilar dos 300 anos do nascimento de São Geraldo Majela, missionário redentorista – irmão consagrado (religioso), nascido em Muro Lucano, sul da Itália, em 6 de Abril de 1726.

De um ambiente familiar simples, marcado pela fé, seu pai, Sr. Domingos, era alfaiate e sua mãe, Da. Benedita, era uma mulher exemplar e muito dedicada ao serviço do lar. Geraldo teve três irmãs, sendo ele o mais novo da família. Aos dez anos, fez sua Primeira Comunhão. Quando estava com doze anos de idade, seu pai faleceu. Logo começou a trabalhar para sustentar sua família. Tornou-se aprendiz na alfaiataria da cidade e, com dezenove anos, montou seu próprio empreendimento, resultado do trabalho que prosperou tanto que até conseguia doar o que recebia também para os pobres.

Desde cedo, sentiu-se chamado para se consagrar a Deus no serviço aos irmãos, porém sua constituição física frágil era um aspecto observado e apontado como dificuldade para aguentar o ritmo da Vida Religiosa em um convento.

Como Deus tem seus caminhos, em 1749, os Missionários Redentoristas pregaram as Santas Missões em sua cidade. Geraldo, com seus 23 anos, animou-se com essa equipe missionária e insistiu com o superior para acompanhá-los. Sua mamãe, pressentindo que o filho queria partir com os missionários, trancou-o no quarto. Porém seu desejo vocacional foi mais forte e criativo. Conta a história que ele amarrou lençóis e desceu pela janela, deixando um bilhetinho: "mamãe, não se preocupe, já estou com os Missionários Redentoristas. Vou-me embora para me tornar santo".

Seu único objetivo, em sua trajetória vocacional, foi a fidelidade à vontade divina. Cumpriu-a com alegria nos vários ofícios que exerceu: jardineiro, sacristão, alfaiate, porteiro, cozinheiro, carpinteiro. Fez-se irmão, solidário, fraterno, acolhedor, justo, discípulo-missionário e Santo, sendo testemunha do amor de Deus e da liberdade do evangelho que se desenvolve na vida da comunidade.

Ele viveu na Congregação Redentorista por seis anos, apaixonado pelo Cristo Redentor, enamorado por Maria. Escreveu na porta de seu quarto: "aqui se faz a vontade de Deus, como e quando Ele quiser". Um Santo querido do povo e preocupado com a vida, distribuída no pão aos pobres, na porta do convento, nos celeiros que se enchem de grãos, nas panelas de alimentos, para restabelecer os doentes, consolar os que sofrem, e no seio da mulher, grávido de vida, tornou-se padroeiro das mães e protetor dos partos felizes.

Faleceu no dia 16 de outubro de 1755, com 29 anos de idade, em Materdomini, Itália, vítima de tuberculose. Ali no convento estava cercado de carinho, cuidado e admirado por seus confrades. Foi beatificado pelo Papa Leão XIII, em 1893, e canonizado pelo Papa Pio X, em 1904.

A Província Nossa Senhora Aparecida organizou uma Comissão para os festejos dos 300 anos do nascimento de São Geraldo (1726-2026). São várias sugestões: missa votiva todo dia 16, oitava, novena, festas; exposição fotográfica, nas Igrejas e frentes pastorais em que atuamos; catálogo preparado pela Editora Santuário; Hino para esse momento comemorativo; Peregrinações, especialmente para o Santuário Arquidiocesano de São Geraldo, em Sorocaba, SP, onde está sediado o Seminário que forma os futuros Irmãos Redentoristas, e para a Basílica de São Geraldo, em Curvelo, MG; e, ainda, acolher as propostas e os materiais encaminhados pelo Governo Geral da Congregação.

Deus é admirável em seus Santos! Que este Jubileu do tricentenário do nascimento de São Geraldo seja um tempo de compartilhar a beleza da espiritualidade redentorista e testemunhar um modelo de santidade reconhecido pela Igreja, que nos movimenta nesta busca, para que nossa comunhão com ele seja plena e a alegria completa.

Termino este texto citando o que disse o saudoso padre Afonso Paschotte, C.Ss.R., em um livreto lançado por ocasião dos cem anos da canonização de São Geraldo: "Geraldo do céu, não esqueça os peregrinos da terra! Ocupe-se de nós, por sua intercessão. Até nos ver em seu e nosso amado Deus". É o que rezam seus Confrades de hoje e todos os devotos.

Ir. Alan Patrick Zuccherato, C.Ss.R.
Comissão do Tricentenário do nascimento de São Geraldo Majela

A DEVOÇÃO A NOSSA SENHORA DA CABEÇA

Juan Alonso de Rivas foi um soldado das Cruzadas, que viveu no Pico da Cabeça, o ponto mais alto de Serra Morena, localizada em Andaluzia (Espanha). Esse combatente tornou-se pastor de ovelhas, após perder um dos braços em uma guerra. Mesmo assim, manteve-se firme na fé, sendo grande devoto da Virgem Maria.

No dia 12 de agosto de 1227, enquanto cuidava de seu rebanho, naquela região, repentinamente, vislumbrou intensa luz e o som de um sino, o qual estava em um galho de uma árvore. Espantado com a claridade e com o barulho, o pastor aproximou-se do arbusto e observou, dentro da gruta, uma imagem de Nossa Senhora.

Nesse instante, o homem escutou uma angelical voz, que parecia vir do céu. Então, foram-lhe proferidas as seguintes palavras: "Não tenhas medo, meu filho! Desejo que sigas até o povoado de Andújar e comuniques a todos sobre essa visão!"

Com temor de que os moradores não acreditassem nele, Juan Alonso suplicou a Nossa Senhora um sinal. Eis o impressionante milagre: graças à intercessão de Maria, o humilde pastor teve seu braço, aquele mesmo membro que lhe fora arrancado na batalha, restaurado. Eufórico e maravilhado com o prodígio, Juan Alonso correu até o povoado, contou-lhe o milagre recebido, pela intercessão da Virgem Santíssima, e seu pedido. Todos ficaram admirados, quando observaram o braço novamente em seu corpo.

O vigário de Andújar e todo o povo dirigiram-se apressadamente ao cume da Serra da Cabeça para contemplar a imagem e venerar Nossa Senhora. Ela passou a ser denominada localmente como Nossa Senhora da Cabeça. A imagem foi conduzida em procissão até o vilarejo, até que fosse erguida a igreja desejada por Nossa Senhora. Assim foi edificado um grande santuário em sua homenagem. Toda a região se converteu, e começou a peregrinação regular para a Serra Morena. Muitos milagres aconteceram, e a nova devoção espalhou-se por toda a Espanha.

Sua festa litúrgica é celebrada no dia 12 de agosto, data da aparição. Costuma-se invocá-la, principalmente, para problemas neurológicos, como, por exemplo, cefaleia e depressão. Além disso, muitos recorrem a Nossa Senhora da Cabeça em busca de solução para as dificuldades de aprendizado das crianças, em fase escolar.

Retirado do livro Novena e Nossa Senhora da Cabeça, da Editora Santuário.

Os JOVENS DE MARIA estão
ON
Acesse nossas redes sociais e fique por dentro de todas as novidades!
Segue lá no Instagram! @jovensdemariaoficial
Confira nossa playlist no Spotify! Jovens de Maria
Confira todas as novidades pelo Facebook! /jovensdemaria
Cresça na fé pelo YouTube! @jovensdemaria
Acompanhe todas as trends pelo TikTok! @jovensdemaria
JM Testes
Faça os testes e se conheça mais! A12.com/jovensdemaria/testes
Tudo isso e muito mais você confere neste QR Code!
Acesse e conheça mais sobre os Jovens de Maria!

ROMARIAS A APARECIDA UNEM O BRASIL PELA FÉ E MOSTRAM A DIVERSIDADE DA IGREJA

A cada ano, milhares de peregrinos deixam suas casas rumo à Casa da Mãe, movidos pela fé, gratidão e pelo desejo de estarem mais próximos de Nossa Senhora Aparecida. Assim tem sido, em uma caminhada que se renova continuamente, com, por exemplo, as romarias tradicionais que já são esperadas pelas comunidades envolvidas no Santuário Nacional.

Elas que chegam ao Santuário Nacional de Aparecida refletem a pluralidade da Igreja no Brasil, reunindo desde expressões paroquiais e diocesanas até movimentos organizados e pastorais específicas. É o caso de arquidioceses como São Paulo e Rio de Janeiro, que tradicionalmente trazem grandes grupos de fiéis. Também ganham destaque romarias promovidas por segmentos específicos, como a Romaria dos Escoteiros, das Comunidades Negras, dos Aposentados, dos Advogados, dos Trabalhadores, além do Grito dos Excluídos e da Romaria das Irmãs de Schoenstatt. Cada uma dessas peregrinações expressa, a sua maneira, a fé viva e encarnada de um povo que caminha com Maria.

Entre esses encontros, há também os movimentos pastorais que são promovidos pelo Santuário Nacional, como, por exemplo, a Romaria Nacional do Terço dos Homens, realizada no mês de fevereiro, que mobiliza milhares de homens de todo o Brasil em um verdadeiro testemunho público de oração e compromisso mariano. Além do Terço dos Homens, anualmente também acontecem a Romaria do Terço das Mulheres, no mês de março, e a Romaria das Crianças, no fim de maio.

Além da força das expressões tradicionais, os estados que mais trazem romarias ao Santuário são: Minas Gerais, São Paulo e Paraná. As regiões Norte e Nordeste também têm marcado uma presença crescente na Basílica. Os estados do Acre, Amapá, Ceará e Maranhão tiveram um aumento expressivo nos últimos dois anos. Esses dados confirmam que a devoção a Nossa Senhora Aparecida rompe barreiras geográficas e se mantém viva nas mais diversas realidades do país. As romarias refletem não só a religiosidade popular, mas também o desejo profundo de estar junto à Mãe, especialmente em tempos de desafios, quando a fé se torna fonte de força e esperança.

Ludimila Barbosa e Pietra Guimaraes
Assessoria de Imprensa do Santuário Nacional

HUMOR SANTO

Jesus Comprando Pão

Um garoto chamado Jesus foi enviado por sua mãe até a padaria. Ela lhe pediu que comprasse 10 pães. O garoto, que era um pouco distraído, pegou o dinheiro e foi. Alguns minutos depois, sem encontrar a padaria, viu uma igreja e, achando-a interessante, entrou. Na igreja, estava acontecendo uma missa. E, no momento em que o padre disse que Jesus veio para nos salvar, o menino rapidamente respondeu: Não! Eu só vim comprar pão.

Deus Cuida

– Ô cumpadi, vamo na Missa?

– Ai, cumpadi, vou não. Tenho que cuidá das minhas galinhas, se não roubam as coitadinhas.

– Não esquenta a cabeça não, cumpadi! Vamo na Missa, Deus cuida delas aí.

Quando chegaram à Igreja, o Padre começou a missa:

– Deus está aqui!

– Viiiiixii, cumpadi, se Deus tá aqui, quem tá cuidando das minhas galinha. Vão roubar elas tudinho.

Filhote de Anjo

Conta-se que, há muitos anos, existia, em uma pequena cidade do interior, um padre com fama de ser bravo e andar armado. Todo mundo o temia. Certo dia, dois ladrões resolveram roubar o cofre da igreja. Entraram, bem devagarinho, andando na ponta dos pés, na sacristia, onde o sacerdote deixava o dinheiro das esmolas e ofertas. O padre, nessa hora, chegou à igreja e, ouvindo barulho, foi ver o que estava acontecendo. Com o revólver em punho, pronto para atirar, perguntou:

– Quem está aí? Vou atirar. Pode ir saindo de mãos para o alto.

Os dois ladrões responderam:

–Não atira não, seu padre, que nóis é anjo, viemo visitar a igreja...

O padre, então, perguntou:

– Anjo? Deixa disso, pode sair daí. Se vocês fossem anjos, vocês voariam.

Os bandidos responderam:

– Nóis ainda num sabe avuá, padre, porque nóis ainda é anjo fiote.

1700 ANOS DO CONCÍLIO DE NICEIA E SUA IMPORTÂNCIA PARA A IGREJA

Em 2025, com as celebrações do Jubileu da Esperança, convocado pelo saudoso Papa Francisco, tivemos também a celebração dos 1700 anos da realização do Primeiro Concílio Ecumênico da Igreja, celebrado na importante cidade de Niceia, no ano de 325.

Conforme a definição usual, "os concílios são assembleias legalmente convocadas de dignitários eclesiásticos e especialistas em teologia, com o objetivo de discutir e regular assuntos de doutrina e disciplina da Igreja... nas quais os bispos e outros delegados com direito a voto são convocados de todo o mundo (oikoumene) sob a presidência do Papa ou de seus legados, e cujos decretos, tendo recebido a confirmação papal, vinculam todos os cristãos".

Antecedentes do concílio

Nos primeiros séculos depois de Cristo, a Igreja havia recebido forte hostilidade e incompreensão dos judeus, de suas autoridades e também do Império Romano, mas o crescimento do número de cristãos e sua penetração nas estruturas e classes da sociedade fizeram com que o Império Romano dedicasse maior atenção ao cristianismo.

As mudanças favorecendo a Igreja tiveram início com a concessão da liberdade de culto, com o Edito de Milão em 313, e depois com a oficialização do cristianismo como religião do Império, em 395. Assim pôde se desenvolver mais livremente.

Internamente, enfrentou também algumas questões doutrinais geradas por heresias. No início do século IV, a Igreja do Norte da África se viu abalada com a heresia do arianismo, iniciada por um sacerdote chamado Ário, que propagava um erro doutrinal sobre o mistério da encarnação de Cristo, afirmando que o Filho (Jesus) não se identificava nem procedia do Pai.

Isso se espalhou por várias regiões, começando pelo Egito, onde Ário foi condenado. Por causa dessa condenação, teve de fugir e buscar refúgio em outro lugar. As várias medidas tomadas contra ele não surtiram o efeito desejado, apesar da interferência do imperador Constantino, que precisava do império unido e da Igreja fortalecida, porque este já enfrentava dificuldades que séculos depois provocariam sua queda. A heresia foi se alastrando, criando grande perturbação no seio da Igreja, o que levou o papa São Silvestre, em conjunto com o imperador, a convocar um Concílio Ecumênico.

Um concílio para fortalecer a fé e a unidade da Igreja

O concílio aconteceu em Niceia, em 325, cidade importante da Ásia Menor, que por diversos anos, havia sido a capital do Império Bizantino, conquistado pelos cruzados, antes de Bizâncio reconquistar a capital Constantinopla.

Considerado a primeira assembleia ecumênica da Igreja, contou com a participação de cerca de 300 bispos provenientes de quase todas as regiões do Império. No fim, eles condenaram, quase por unanimidade, a doutrina do arianismo, reafirmando a fé da Igreja na divindade de Nosso Senhor Jesus Cristo. Apenas dois bispos não assinaram o termo de condenação e de reafirmação doutrinal do Concílio.

A fórmula da consubstancialidade proclamou o denominado Símbolo de Niceia. Em 20 cânones, o documento final resumiu a doutrina cristã, referente ao Verbo Encarnado, consubstancial ao Pai, e também legislou sobre outras questões menores.

Embora Ário e os seguidores que não aceitaram o Símbolo de Niceia tenham sido condenados ao desterro, o arianismo ainda persistiu em várias regiões e entre alguns povos que estavam se infiltrando no Império Romano.

Como as decisões conciliares não foram aplicadas igualmente, em 381, a Igreja convocou outro concílio em Constantinopla, reafirmando e complementando o Credo Niceno, proclamando que o Espírito Santo procede do Pai e com o Pai e o Filho é adorado e glorificado.

Marcas conciliares

Qualquer heresia causa um prejuízo doutrinal que atinge também a unidade da Igreja. Ao longo da história, algumas chegaram a provocar um cisma ou uma divisão exigindo esforços e dedicação na busca de soluções.

Uma formulação teológica herética, como a que fez o arianismo, demonstra a falta de síntese teológica e de clareza doutrinal, pois a doutrina cristã foi sendo sistematizada aos poucos. Qualquer heresia traz também em si o problema da universalidade do conhecimento teológico e a necessidade de encontrar um termo de convergência da unidade da Igreja na diversidade.

A fé cristã se mantém hoje graças à confissão cristológica do Concílio de Niceia. Por essa razão, é muito importante fazer sua Memória Histórica, porque o Credo Niceno permanece relevante, especialmente nas situações de dúvidas de fé e na busca da Unidade da Igreja na atualidade. Reviver sua confissão cristológica representa um desafio que deve ser assumido na comunhão ecumênica!

Maria Tereza Maldonado
Instituto Histórico Redentorista

AS IRMÃS MENSAGEIRAS DO AMOR DIVINO E O TRABALHO SOCIAL

As Mensageiras do Amor Divino é uma Congregação Religiosa feminina, nascida na cidade de Aparecida/SP. Em 1954, iniciou-se a congregação tendo como fundadores a jovem leiga Felicidade de Lourdes Braga e o Missionário Redentorista Pe. Eduardo Moriarty. Tem por Carisma "Irradiar o Amor Divino", por meio dos retiros espirituais, da catequese em todos os níveis, promoção humana e das santas missões Redentoristas e ad gentes.

Em continuidade na herança do trabalho social, desde o germe da Congregação, as Irmãs Mensageiras, atualmente, desenvolvem dois projetos de trabalho social na cidade de Aparecida/SP, por meio da Associação Beneficente Madre Felicy – AMEFE:

1. **Projeto "Somos Todos Irmãos"** – Serve, de segunda a sexta-feira, mais de 100 refeições, na hora do almoço, à população de rua. Esses assistidos são idosos que moram sozinhos, transeuntes, moradores de rua e pessoas em estado de vulnerabilidade alimentar. Esse projeto nasceu na Pandemia da Covid-19 no ano de 2020 com a distribuição de marmitex. Em 2022, foram abertos os portões para acolher diariamente para o almoço, a partir das 13h. No ano de 2024, foi feita uma parceria com o Governo Federal, por meio do programa "Cozinha Solidária". E, em 2025, a Paróquia São Miguel Arcanjo da Arquidiocese de São Paulo doou o recurso para construção do "Refeitório Papa Francisco", que está em Construção para melhor atender os "Irmãos". Nesse projeto já foram atendidas mais de 1.400 pessoas. Não é só distribuída a comida; muitos dos assistidos são encaminhados para tirar documentos, cuidar da saúde, retornar para a família, conseguir internações para recuperação de vícios.

2. **Projeto "Entre Linhas, Costurando Sonhos"** – Visa proporcionar à população cursos em modalidade de oficinas de curta duração em costura e artesanato de vários tipos, a fim de gerar renda e empreendedorismo. Esse projeto começou em agosto de 2024.

Há parceiros e benfeitores: Arquidiocese de Aparecida, Santuário Nacional de Nossa Senhora Aparecida, Província Redentorista Nossa Senhora Aparecida e o Grupo Sarno de Alimentos. É o Amor Divino que vai sendo irradiado na população de Aparecida e região, para edificar a tão sonhada "Civilização do Amor".

Deseja conhecer melhor nosso trabalho social? Entre em contato conosco: (12) 99205-4052. E siga-nos no Instagram: @associacaome.felicy.

Irmãs Mensageiras do Amor Divino

FAMÍLIA DOS DEVOTOS: UM PILAR PARA A EVANGELIZAÇÃO NA CASA DA MÃE

O Santuário Nacional de Nossa Senhora Aparecida, com o empenho e a participação de tantos membros da Família dos Devotos, reza, realiza e evangeliza em todo o Brasil e além. Com o gesto bondoso de cada fiel, a Casa da Mãe chega, de diversas formas, às casas de fiéis em todo o território nacional.

Uma das principais formas de o Santuário Nacional chegar à casa de tantos devotos, levando evangelização e propagando a fé a Nossa Senhora, é a Rede Aparecida de Comunicação (TV e Rádio Aparecida, Portal A12, Revista de Aparecida, Jovens de Maria e Devotos Mirins), que leva o amor da Mãe a todos os cantos do Brasil, com muita oração, formação e informação para todas as idades.

Tudo aquilo que fazemos em prol da evangelização, nossas ações pastorais e, em especial, a grandiosa Novena e Festa da Padroeira, são para honrar a Mãe de Deus e, com fé em sua intercessão, levar paz, carinho e acalanto aos corações dos fiéis.

Cada devoto que chega à Casa da Mãe é acolhido pela estrutura criada pelos Missionários Redentoristas, pensando no bem-estar dos peregrinos que visitam a Padroeira do Brasil. Cada tijolo assentado, cada telha posta e cada mosaico que hoje cobre as fachadas do Santuário é fruto do generoso empenho e da doação dos fiéis membros da Família dos Devotos, que acompanham cada nova conquista realizada no Santuário.

Tudo o que hoje é realizado aqui, desde as luzes que se acendem, a limpeza realizada, a arte sacra, até a hóstia, tem a mão de um fiel devoto que doou para a Casa da Mãe e fez a diferença nessa grande obra evangelizadora.

Há 70 anos, a construção da nova Basílica Aparecida teve início e, desde então, a presença dos devotos de Nossa Senhora e sua ajuda constante são o que mantém viva a missão de acolher e evangelizar a todos que por aqui passam. Desde as celebrações religiosas até as obras sociais mantidas pelo Santuário, tudo tem o carinho da Família dos Devotos.

Com estrutura e afinco para realizar uma melhor acolhida e vivência oracional aos peregrinos da Mãe Aparecida, tanto foi feito, é feito e ainda o será pelas mãos de trabalhadores dedicados. Nada disso seria possível sem a ação missionária de cada membro da Família dos Devotos, que ajuda a Mãe Aparecida na missão de transformar e evangelizar por meio de sua doação.

Gustavo Marcelino

ORAÇÃO A NOSSA SENHORA ROSA MÍSTICA

Eu te amo, Nossa Senhora Rosa Mística! Estiveste aos pés da cruz de teu Filho e estás presente aos pés da cruz de nossa vida. Tuas lágrimas de sangue são lágrimas de sangue de teu Filho, derramadas no calvário, que continuam a ser derramadas em teus olhos, pelos pecados da humanidade. Choras lágrimas de sangue, porque não respeitam mais o Criador e as leis de Deus não são levadas mais em conta. Será que ainda podemos dizer que uma Mãe não é capaz de chorar, até sangrar seus olhos, pelos filhos que estão sofrendo? Dá-me, Mãe Rosa Mística, uma gota de teu sangue, porque é o mesmo sangue que correu em teu filho no calvário, o sangue que obtém a misericórdia de Deus por nossos pecados, e concede-me, por tua intercessão, a graça (fazer o pedido). Rosa Mística, quero chorar contigo! Ensina-me a rezar, a sofrer e a reparar com e por amor. Hoje, quero ajoelhar aos pés da cruz de Jesus e contigo chorar pelo absurdo dos males que afrontam o Criador. Hoje, quero chorar por meus pecados e pelos pecados do mundo. Que se ouça apenas o correr de nossas lágrimas, minha Mãe Rosa Mística, as tuas de sangue e as minhas molhadas de água. Amém!

Faça um instante de silêncio (imaginando-se diante da cruz de Cristo ou ajoelhando diante da cruz, se possível).

Rezar um Pai-nosso, 3 Ave-Marias e 1 Glória ao Pai.

Retirado do livro Rezando 40 Dias com Rosa Mística da Editora Santuário

MISSÕES REDENTORISTAS: "IDE PELO MUNDO INTEIRO E ANUNCIAI O EVANGELHO A TODA CRIATURA" (MC 16,15)

As Missões Redentoristas são uma Ação Extraordinária de Evangelização, feita em uma paróquia ou comunidade. Com o objetivo de preparar bem o coração de cada pessoa, acontece em quatro etapas distintas: Missão da Visitação; Missão nas Família; Missão nas Comunidades e Missão da Perseverança. Cada etapa, com metodologia, tem objetivos próprios.

Antes de iniciar a primeira, os missionários convocam e preparam leigos da própria comunidade para participarem do processo de preparação. Na Missão da Visitação, esses leigos, coordenados por uma Irmã Missionária, visitam todas as famílias da paróquia, fazem um levantamento sociorreligioso e dividem a grande comunidade paroquial em pequenos setores missionários de 20 a 30 famílias.

Na Segunda Etapa, Missão nas Famílias, acontecem os encontros de oração e reflexão nas casas: "Famílias evangelizando Famílias". O coordenador do setor e seus auxiliares dinamizam os encontros. Conduzindo um pequeno andor com a Imagem de Nossa Senhora e seguindo o livro "Missão nas Famílias", as pessoas se encontram, integram-se, partilham experiências e juntas se comprometem com a evangelização no setor e em toda a paróquia.

A Terceira Etapa acontece com a presença dos missionários, padres e irmãos. É a fase das grandes celebrações, do anúncio explícito da Palavra de Deus, da celebração dos Sacramentos, das procissões, dos encontros com as crianças, com os jovens, com os homens e as mulheres, com os enfermos, enfim com todo o povo de Deus. No fim dessa etapa, é colocado um grande cruzeiro como sinal da presença de Cristo, que continua atuando em cada cristão da comunidade.

Nas Missões Redentoristas, Nossa Senhora ocupa um lugar de destaque. Como discípula e missionária por excelência, Maria continua fazendo o que fez em Caná da Galileia, convocando a todos e conduzindo-os a Jesus para ouvir e colocar em prática sua palavra: "Fazei tudo o que Ele vos disser".

Concluídas as três primeiras, começa a Quarta, chamada Missão da Perseverança ou Missão Permanente. Sob a coordenação do Pároco, dos Coordenadores e Auxiliares, toda a comunidade, evangelizada, torna-se comunidade evangelizadora. Os Setores Missionários tornam-se a base da vivência da fé, da partilha e do compromisso cristão. Ali, cada um se torna protagonista da evangelização. Com a fé renovada, toda a paróquia faz a experiência de uma "Igreja Missionária" ou Igreja Sinodal, na participação, na comunhão e na missão.

Desde que Santo Afonso Maria de Ligório fundou a Congregação dos Missionários Redentoristas, em 9 de novembro de 1732, em Nápolis, na Itália, até os dias de hoje, o Anúncio do Evangelho é proclamado aos pobres e mais abandonados. No Brasil, desde 1894, os filhos de Santo Afonso continuam fiéis à mesma missão de Jesus: ir de cidade em cidade, proclamando a Boa Notícia do Reino. Os desafios aumentam, mas o Espírito Santo continua nos encorajando e nos enviando: "Ide pelo mundo inteiro e anunciai o Evangelho a toda criatura" (Mc 16,15).

Ir. João Batista de Viveiros, C.Ss.R.
Equipe das Santas Missões Redentoristas, Província Nossa Senhora Aparecida.

ARQUIVO A E DESAFIOS DA IGREJA: A ELABORAÇÃO DE GRANDES REPORTAGENS

O jornalismo brasileiro encontra na TV Aparecida um espaço dedicado à produção de grandes reportagens por meio dos programas "Arquivo A" e "Desafios da Igreja". Esses formatos representam iniciativas singulares no cenário televisivo nacional, combinando a abordagem aprofundada de temas sociais com a perspectiva católica da emissora.

O "Arquivo A" configura-se como uma série de reportagens especiais semanais sobre vários assuntos: da saúde às mazelas sociais, da cultura à ciência, da economia às curiosidades. O "Desafios da Igreja" constitui uma série premiada que aborda especificamente a ação da Igreja Católica diante das questões sociais complexas.

"O 'Desafios da Igreja' nasceu com a proposta de sempre mostrar como tantos leigos e religiosos assumem a luta do povo, em busca de dignidade e justiça. Alinhado à Doutrina Social da Igreja, a série documental nasceu como forma de evidenciar uma Igreja que, em sua essência, é missionária", conta a apresentadora do programa Camila Morais. O programa já visitou os biomas Mata Atlântica, Pantanal e Amazônia, conhecendo iniciativas da Igreja para minimizar a crise climática, demonstrando a amplitude geográfica das investigações.

Processo de Produção

A elaboração de cada edição dos dois programas envolve um processo de pesquisa e apuração. A equipe de jornalismo da TV Aparecida trabalha com pautas que demandam coleta de dados estatísticos, entrevistas com especialistas e depoimentos de pessoas diretamente envolvidas nas situações abordadas.

Alguns temas exigem pesquisa e produção de longa duração. O "Desafios da Igreja" tratou de questões como a fome, que voltou a atingir milhões de famílias no Brasil, o enfrentamento da Igreja no abuso e na exploração sexual de crianças e o tráfico de pessoas no Amazonas. Outras edições abordaram a tragédia do Rio Grande do Sul e as dificuldades enfrentadas pela população do Vale do Ribeira.

A apresentadora Camila Morais diz que "é necessário sair do óbvio e do que estamos acostumados no Centro Sul do país. Por isso o material se concentra, no que diria o Papa Francisco, nas 'periferias existenciais'. É trabalhoso apurar as violações de direitos e encontrar a resposta da Igreja. Entretanto é gratificante saber que contribuímos na luta por aqueles que não têm voz nem vez".

A qualidade dos programas é reconhecida por meio de premiações importantes. O "Arquivo A" conquistou o primeiro lugar no prêmio do Tribunal Superior do Trabalho na categoria Telejornalismo, pela reportagem sobre trabalho infantil no Pará. O "Desafios da Igreja" ganhou o 3º lugar no Prêmio Direitos Humanos de Jornalismo da OAB/RS, pela reportagem sobre venezuelanos, e ganhou o Troféu Clara de Assis no Prêmio de Comunicação da CNBB com "Desafios da Igreja: um mundo sem cárceres", "Desafios da Igreja: Alto do Rio Negro" e "Desafios da Igreja: Realidade Indígena".

"Tentamos contribuir significativamente para o debate público brasileiro ao abordar questões frequentemente negligenciadas. A perspectiva oferecida por uma emissora católica enriquece a diversidade do jornalismo nacional com abordagens diferenciadas dos temas sociais", disse Eduardo Miranda, responsável pelo departamento de jornalismo da emissora.

Há também espaço para belezas: o "Arquivo A" recentemente colocou no ar duas reportagens sobre encantos do nordeste, uma focada em Recife e outra sobre a história e riqueza cultural de Sergipe.

O "Arquivo A" vai ao ar às quintas-feiras, às 21h. O "Desafios da Igreja" é exibido em caráter especial, no mesmo horário, cerca de quatro vezes ao ano. Ambos os programas encontram-se também no YouTube da TV Aparecida, que já possui 4,4 milhões de inscritos em seu canal.

Luiz Novaes
TV Aparecida

CONHEÇA UM POUCO MAIS SOBRE A VIDA DO PAPA LEÃO XIV

Robert Francis Prevost nasceu em Chicago, Illinois, nos Estados Unidos, em 14 de setembro de 1955, em uma família católica, muito envolvida em atividades pastorais paroquiais. Seus pais, descendentes de imigrantes franceses e espanhóis, tiveram três filhos.

Prevost realizou toda a sua formação em uma escola Católica. Graduou-se Bacharel em Matemática, pela Universidade Vilanova na Pensilvânia. Ingressou na Ordem de Santo Agostinho (OSB), em 1977, nos Estados Unidos, emitindo votos solenes na Ordem, em 1981. Em 1982, foi ordenado sacerdote em Roma. Prosseguiu nos estudos superiores, doutorando-se em Direito Canônico pela Pontifícia Universidade São Tomás de Aquino, em Roma, em 1987.

Entre 1985 e 1986, foi enviado ao Peru, atuando na Missão de Chulucanas. Entre 1987 e 1988, esteve nos Estados Unidos. Retornando, em 1988, ao Peru, exerceu atividades de formador, professor, pároco e administrador paroquial. No ano de 1998, foi eleito prior Provincial da Província Agostiniana, Mãe do Bom Conselho. No ano de 2001, foi eleito Prior Geral da Ordem Agostiniana, ocupando o cargo até 2012. Terminado seu mandato, retornou aos Estados Unidos, dividindo seu tempo entre a formação e a função de Vigário Provincial da Província Agostiniana Mãe do Bom Conselho.

O Papa Francisco, em 2014, nomeou-o Administrador Apostólico da Diocese de Chiclayo, no Peru, e, em 2015, tornou-se seu Bispo. Enquanto Bispo de Chiclayo, ocupou cargos na Conferência Episcopal Peruana. No ano de 2019, foi nomeado membro da Congregação para o Clero e, em 2020, membro da Congregação para os Bispos.

Em 30 de janeiro de 2023, foi nomeado pelo Papa Francisco prefeito do Dicastério para os Bispos, órgão da Cúria Romana, responsável pela criação de novos territórios diocesanos, pelo trabalho de avaliar e indicar possíveis candidatos ao episcopado e por acompanhar a atividade pastoral dos bispos e das Conferências Episcopais. No Consistório realizado pelo Papa Francisco, em 30 de setembro de 2023, Prevost foi criado Cardeal.

No Conclave, realizado em maio de 2025, foi eleito Papa pelo Colégio dos Cardeais, assumindo o nome de Papa Leão XIV, tornando-se o 267º Papa da Igreja católica, o primeiro Papa Agostiniano e primeiro nascido nos Estados Unidos.

Da Redação

CELEBRAÇÕES MARIANAS NO ANO LITÚRGICO

A liturgia é o serviço divino, em que cada um de nós nos unimos como corpo místico de Cristo, para celebrar e atualizar o mistério da fé. E ela elege, do grande mistério revelado, os mistérios essenciais da vida de Cristo para que possamos fortalecer a fé do povo de Deus. Assim, é alimento para a fé e a esperança, motivando o fiel a uma correspondência cada vez maior de amor a Deus, transbordando para o próximo.

Igualmente com o que faz com a vida de Jesus Cristo, a Igreja conserva datas especiais para celebrar aquela que está mais perfeita e essencialmente unida ao mistério do Filho de Deus: a Virgem Maria. Por isso, durante todo o ano litúrgico, celebramos memórias, festas e solenidades dedicadas à Santa Mãe de Deus. No ano litúrgico, essas celebrações estão dispostas segundo uma cronologia particular, isto é, da concepção à coroação no Céu.

Só é possível entender esse itinerário a partir de ciclos de três anos, que representam três etapas da vida de Maria: 1º: Ciclo do Nascimento de Maria; 2º: Ciclo pré-pascal; e o 3º: Ciclo pós-pascal. Assim, a Igreja medita a vida e os mistérios de Nossa Senhora tendo em vista estes 3 ciclos, que são vividos de forma integrada em um único ano, possibilitando que os fiéis celebrem os mistérios de Deus em Maria todos os anos. Vejamos abaixo os ciclos e suas celebrações respectivas:

1º: Ciclo do Nascimento de Maria – 8 de dezembro: Imaculada Conceição; 8 de setembro: Natividade de Nossa Senhora; 21 de novembro: Apresentação de Nossa Senhora.

2º: Ciclo pré-pascal – 25 de março: Anunciação do Senhor; 31 de maio: Visitação da Virgem Maria; 1 de janeiro: Maria Mãe de Deus; 2 de fevereiro: Apresentação do Senhor e Purificação de Maria; Sábado após Sagrado Coração: Coração Imaculado de Maria; 15 de setembro: Nossa Senhora das Dores.

3º: Ciclo pós-pascal – segunda-feira depois de Pentecostes: Virgem Maria, Mãe da Igreja; 15 de agosto: Assunção de Nossa Senhora; 22 de agosto: Nossa Senhora Rainha; 12 de setembro: Santíssimo Nome de Maria.

Dessa forma, a Liturgia da Igreja proporciona, por meio das celebrações marianas, uma meditação profunda dos mistérios de Deus em Maria, colocando-a como exemplo de participação dos mistérios divinos.

Pe. Rafael Augusto Linhares Pinto
Presbítero da diocese de Petrópolis-RJ, membro da Associação Brasileira de Mariologia e da Academia Marial de Aparecida

OS 40 ANOS
DO ACIDENTE NUCLEAR DE CHERNOBIL

Na madrugada do dia 26 de abril de 1986, operários e técnicos da Usina Nuclear de Chernobil, localizada na cidade Propyat, no norte da então Ucrânia Soviética, realizavam um teste de segurança. Em uma combinação de falhas que, durante o teste, não pôde ser controlada e fez o reator quatro da usina incendiar e explodir, lançou-se na atmosfera um vapor radioativo composto de grafite e outros radioativos. Nesse momento, aconteceu o maior acidente nuclear até hoje registrado.

Alguns minutos depois da explosão, as primeiras unidades de Bombeiros chegaram para combater o incêndio. As vítimas iniciais foram dois técnicos que morreram na explosão. Inicialmente, acreditava-se que era apenas um incêndio comum. Horas depois, foi percebida sua total dimensão: o reator, que explodiu, expôs seu núcleo, emanando um vapor radioativo na atmosfera. Somava-se a isso um fogaréu de proporções inimagináveis, que queimava tudo a sua volta. As autoridades, tanto ucranianas e quanto Soviéticas, em Moscou, foram informadas do acontecimento.

As primeiras medidas práticas, para gerir a situação, foram tomadas mais de 15 horas depois. Nesse ínterim, centenas de pessoas, entre técnicos da usina, bombeiros, já haviam sido expostas a altas doses de radiação. Nos dias, nas semanas e nos meses seguintes, várias delas morreram e outras dezenas, nos anos posteriores.

Na cidade Pripyat, perto da usina, as pessoas sabiam que alguma coisa aconteceria, pois sentiam um gosto forte de metal na boca, muitas tinham dor de cabeça e vômitos. Somente na tarde do dia 27 de abril, mais de 36 horas após o acidente, a cidade e outras localidades próximas foram evacuadas.

As autoridades Soviéticas, embora, a princípio, tenham tentado esconder o incidente do restante do mundo, no dia 29 de abril, tiveram de revelar ao mundo o que acontecia, pois as autoridades suecas informaram que alta concentração de radiação foram detectadas.

A contenção e a mitigação dos efeitos se deram em várias etapas, durando vários meses. Soldados, cientistas, bombeiros, mineiros, operários, entre outros, foram enviados para a região de Chernobil para os trabalhos de contenção, descontaminação, limpeza. Calcula-se que mais de 800 mil pessoas estiveram direta e indiretamente ligadas aos trabalhos de contenção do acidente nuclear. Muitos desses trabalhadores, expostos à radiação, nos anos seguintes, tiveram problemas graves de saúde, levando muitos a óbito.

Após os incêndios serem controlados e os resíduos recolhidos, foi construído um sarcófago gigante de concreto, aço e chumbo, a fim de proteger o mundo dos altos índices de radiação que ainda emanam do reator.

Esse acidente teve muitos impactos! Ambientalmente, a nuvem radioativa afetou grande parte da Europa. Financeiramente, bilhões de rubros foram gastos nos trabalhos para conter o acidente, e isso causou uma crise financeira na economia soviética. Politicamente, colaborou para o colapso da União Soviética anos depois, pois expôs grandes contradições do regime que optou por esconder a situação, mesmo sabendo de sua gravidade.

Para as pessoas comuns de Propyat, aquele dia ainda não acabou, já que o acidente contaminou praticamente todos. Centenas delas morreram nos anos posteriores, as que não morreram sofrem até hoje com graves problemas de saúde e por terem sido retiradas de suas casas para nunca mais voltarem a seu lar.

Daniel Siqueira

ATIVIDADES PASTORAIS NO SANTUÁRIO NACIONAL FORTALECEM A FÉ E DEVOÇÃO DOS ROMEIROS

Com o lema "Acolher bem também é Evangelizar", o Santuário Nacional de Aparecida, por meio de suas atividades pastorais, busca fortalecer a fé dos devotos, promover a espiritualidade mariana e inserção dos peregrinos nos sacramentos. Diariamente, todos os visitantes têm a oportunidade de participar da Santa Missa, do Sacramento da Confissão e além de outros momentos.

Desde o encontro da Imagem de Nossa Senhora da Conceição Aparecida, registros históricos, como os do padre Júlio Brustoloni, C.Ss.R., apontam que esses trabalhos pastorais ocorriam de forma esporádica na Basílica Histórica.

Em 1895, quando os Missionários Redentoristas assumiram a responsabilidade de cuidar do Santuário Nacional, iniciaram um processo contínuo de aprimoramento das ações pastorais, conforme as necessidades dos fiéis. Entre 1931 e 1953, deram início a uma etapa de renovação, com mais horários para plantões de bênçãos, confissões e celebrações de missas.

Com o aumento da devoção a Nossa Senhora Aparecida, reorganizaram a estrutura pastoral. Hoje, os prefeitos de igreja são os responsáveis por coordenar as ações que oferecem momentos de oração e devoção aos peregrinos, como missas, consagrações, Hora Mariana, confissões e os sacramentos do casamento e batismo.

A Secretaria de Pastoral é o setor que articula os diversos serviços ligados à espiritualidade, como a Secretaria de Batismo, Confissões, Marcação de Missas, equipe de músicos, Sacristia, Sala das Promessas, Sala de Costura, Sala das Flores, Coreografia e a própria Basílica Histórica.

Segundo o missionário redentorista e prefeito de igreja, Pe. Jorge Américo, C.Ss.R., a Secretaria de Pastoral é o "coração do Santuário Nacional", por ser o primeiro ponto de contato dos romeiros – seja para registrar romarias, marcar intenções de missa ou buscar informações.

Além da coordenação direta das atividades religiosas, os prefeitos de igreja também atuam como referência nos assuntos pastorais e administrativos, em diálogo com a Reitoria, o Economato e demais setores. Eles colaboram em demandas específicas de celebrações ordinárias ou extraordinárias, entre outras funções.

Atualmente, a Pastoral conta com uma equipe de 71 colaboradores, entre leigos e religiosos, para garantir que todas as ações sejam realizadas com zelo e excelência.

A Secretaria de Pastoral funciona:

- De segunda a sexta-feira, das 7h às 18h
- Aos sábados e domingos, das 6h às 18h

Para mais informações, acessar: a12.com/pastoral

Carla Moura
Assessoria de Imprensa do Santuário Nacional

Sabor DE VIDA

BOLO DE IOGURTE COM BANANA E CROSTA DE CANELA

> INGREDIENTES DA MASSA

- 4 ovos;
- 1 pote (170g) de iogurte natural;
- 1 xícara ou 200g de açúcar;
- 1/2 xícara ou 120ml de óleo;
- 2 xícaras + 1/2 xícara ou 300g de farinha de trigo;
- 1 colher de sopa de fermento;
- 5 bananas médias.

> INGREDIENTES DA COBERTURA

- 1/4 xícara ou 50g de açúcar;
- 1 colher de sopa de canela em pó;

> MODO DE PREPARO

1° No liquidificador, coloque os ovos, o iogurte, o óleo e o açúcar, bata;

2° Misture a farinha e o fermento;

3° Corte a banana em tiras;

4° Unte a assadeira com desmoldante ou óleo de milho;

5° Coloque a massa em uma assadeira, e vá colocando as bananas no meio da massa;

6° Cubra com a mistura de açúcar e canela;

7° Leve para assar em forno pré-aquecido a 180 graus por aproximadamente 1 hora.

ACESSE TODAS AS RECEITAS AQUI.

ACOMPANHE O PROGRAMA SABOR DE VIDA DE SEGUNDA A SEXTA-FEIRA, ÀS 13H, NA TV APARECIDA

7 DICAS ÚTEIS PARA ORGANIZAR MELHOR SUA VIDA FINANCEIRA

Pesquisas recentes mostram que mais de 70 milhões de brasileiros estão inadimplentes, ou seja, cerca de 42% da população está com dificuldade de pagar alguma dívida e honrar seus compromissos. Se ainda não está neste grupo, mas está percebendo que não está sobrando nenhum dinheiro no fim do mês, vamos dar 7 dicas úteis que ajudarão você a equilibrar sua vida financeira.

1. Organize seus rendimentos e seus gastos

Passe a anotar em uma agenda, um caderno, uma planilha todos os seus ganhos do mês e todos os seus gastos. Separe as contas fixas das contas variáveis, que devem ser anotadas com um valor aproximado.

2. Tenha uma visão geral de tudo que você ganha e gasta

Depois de dois ou três meses anotando seus ganhos e gastos, faça uma tabulação anotando os seus gastos mês a mês e veja com que você mais gasta.

3. Controle seu orçamento, defina seus gastos

Tendo todas as informações em mãos, defina um orçamento mensal para gastos fixos (aluguel, supermercado, contas de água, luz, internet, telefone etc.) e variáveis (lazer, alimentação fora de casa, compras etc.)

4. Estabeleça limite para gastos variáveis

Os gastos variáveis, como lazer, alimentação fora de casa, compras, fatura do cartão etc., devem ser analisados, verificados sobre sua real necessidade e serem diminuídos até chegarem a representar, no máximo, 30% de seus gastos totais.

5. Cuidado no uso do cartão de crédito e cheque especial

O uso do cartão de crédito deve ser controlado. Evite gastos impulsivos, sem real necessidade, fazer muitas parcelas ao mesmo tempo. Pague sempre a fatura total. Evite usar cheque especial ou limite de crédito.

6. Crie hábito de poupar

Tente guardar algo sobre seus ganhos. Comece com pouco e vá aumentando até que tenha uma reserva que poderá ser usada em uma eventual necessidade.

7. Envolva toda a família nesse processo

Para que esse processo dê certo, é necessário que todas as pessoas que vivem com você possam também se envolver e entender que precisam, muitas vezes, mudar de hábito e ter uma vida financeira mais saudável.

Da Redação

VIOLÊNCIA PSICOLÓGICA: COMO LIDAR COM ISSO?

Há vários tipos de violência que machucam e deixam marcas em uma pessoa, seja ela homem, mulher, criança, jovem ou idoso. A psicológica é uma forma de agressão, muitas vezes, caracterizada por assédio, pressão, humilhação, ameaça, chantagem, controle, isolamento, intimidação e exposição vexatória, que, mesmo sem apresentar aparentemente marcas visíveis, fere profundamente o interior, a alma e desestabiliza emocionalmente a vítima.

A necessidade de se impor, de se mostrar mais forte e de submeter a vítima a suas vontades faz com que o abusador, seja ele o marido, o chefe, a mãe, o colega de classe, estabeleça regras de comportamento que prejudicam a saúde mental do outro e configure, não raras vezes, o efeito narcisista no marido, o medo da concorrência no chefe, o temor de perder a autoridade na mãe e o bullying na escola. E isso faz com que o manipulador, sob uma crença de superioridade e autoridade, sinta-se no controle não só da situação, mas também da própria vítima, produzindo, o que é pior, nesse agente controlador um certo prazer de poder e conquista, sem mensurar sentimentos ou emoções.

E o que as vítimas desse tipo de comportamento agressivo devem fazer? Primeiro, não aceitar qualquer forma de manipulação emocional e aprender a se defender, enfrentando seu carrasco com firmeza e autoridade. Não permitir a primeira vez, mas, se já ocorreu, não admitir que aconteça de novo. É preciso encontrar forças para colocar um basta, com atitudes de enfrentamento, como, por exemplo, falar: "a partir de hoje, você nunca mais fará isso comigo novamente", "eu não permito mais que você fale assim comigo", "eu nunca mais aceitarei ser tratada dessa forma". Segundo, se necessário, denunciar aquele que agride, buscar os meios legais e medidas protetivas que preserve a pessoa de continuar sofrendo a violência psicológica. Terceiro, romper, definitivamente, vínculo e relação com o abusador.

Atualmente, há vários casos de violência psicológica que se manifestam no ambiente familiar, envolvendo cônjuges, pais e filhos; no meio corporativo e organizacional, incluindo chefes, gerentes, líderes; nas Unidades Escolares, abrangendo gestores, professores e os próprios alunos. Há uma crise existencial e emocional relacionada com a questão da saúde mental. As pessoas têm dificuldades em lidar com situações estressantes e conflitantes da vida e, às vezes, transferem para quem está mais próximo todas as suas angústias, decepções, frustrações e todos os seus medos.

Acreditamos que a solução para esse grave problema, não só de caráter psicológico, mas também social, passa por psicoeducação, partilha de informações e ajuda terapêutica, inclusive, médica e apoio legal, partindo do que nos apresentam as leis vigentes no país e que podem proteger a vítima e punir o agressor.

Dimas Novais
Filósofo e Psicanalista

DO SONHO DO PADRE CÍCERO À MISSÃO DOS SALESIANOS EM JUAZEIRO: A HISTÓRIA DO HORTO DO PADRE CÍCERO

O Horto do Padre Cícero é uma obra salesiana localizada em Juazeiro do Norte – CE, e, atualmente, constitui um dos principais destinos de romarias e turismo do nordeste brasileiro. Sua história está profundamente ligada à vida e à missão pastoral do Servo de Deus Padre Cícero Romão Batista. Foi ele quem, a partir de um sonho, reconheceu, na Serra do Catolé – hoje Horto –, um lugar sagrado. Ali, associou diversos espaços a cenários bíblicos, como o Monte das Oliveiras e o Santo Sepulcro, chegando a erguer um grande casarão, inaugurado em 1907, e a iniciar a construção de uma igreja dedicada ao Sagrado Coração de Jesus, fruto de uma promessa feita em tempos de seca.

Impedido de concluir a igreja sonhada, Padre Cícero deixou em testamento sua herança espiritual e material aos Salesianos, confiando-lhes a missão de desenvolver um projeto educativo voltado à juventude da cidade e de concluir a obra iniciada. Os Salesianos chegaram a Juazeiro em 1939, cinco anos após sua morte.

Nos primeiros anos da década de 1960, sobre as ruínas da igreja inacabada no Horto, foi erguida a estátua do Padre Cícero. Naquele período, a Serra do Catolé já era conhecida como Colina do Horto e, mais tarde, recebeu melhorias, como a construção de uma praça e de um conjunto de lojas. Em 1999, sob a gestão do inspetor salesiano Padre Raimundo Ricardo Sobrinho, iniciou-se a construção da atual Igreja do Senhor Bom Jesus do Horto.

A Igreja, em forma de espiral aberta, acolhe peregrinos de diferentes lugares, com seus sofrimentos, anseios e sua gratidão. Todos convergem para o altar, onde encontram sentido no sacrifício de Jesus. A verticalidade do espaço evidencia o movimento espiritual: do altar ao alto sobem preces, e, pela graça de Deus irradiada na Eucaristia, descem bênçãos. O retorno conduz os fiéis de volta ao mundo, em missão.

O Horto constitui-se como lugar de fé, memória e esperança, reunindo a Estátua do Padre Cícero, o setor comercial, a Igreja do Senhor Bom Jesus do Horto, o Casarão de 1907 – que abriga a Capela do Senhor Bom Jesus do Horto e o Museu Vivo –, o Muro da Resistência de 1914, o Santo Sepulcro, monumentos, projetos sociais e uma ampla área de preservação ambiental. Assim, perpetua-se o sonho do padre Cícero e a missão pastoral e educativa assumidos, nestas terras, pelos Salesianos de Dom Bosco, missão que, para além desse espaço, se irradia em outras obras salesianas na cidade.

Para conhecer mais sobre o Horto acesse: hortodopadrecicero.net.br

Divulgação Horto do Padre Cícero

A HISTÓRIA DO MORRO DO CRUZEIRO EM APARECIDA

O projeto de construção do morro do Cruzeiro surgiu em 1905. Foram feitas dezesseis cruzes pequenas, de madeiras preciosas do Brasil, que deveriam fazer parte das estações da Via-Sacra. As cruzes, que foram bentas pelo Papa Pio X e estiveram guardadas na Catedral de São Paulo, foram levadas para a cidade de Aparecida pelo Cardeal Motta.

No jornal "A liberdade", de 26 de julho de 1925, lemos: "[...] O sr. Luiz Pasin teve uma ideia de erigir, em uma das colinas que circunda nossa Aparecida, um cruzeiro com o nobre fim de comemorar o ano Santo [...]". Aos 2 de agosto de 1925, às 15h, saiu da Basílica a procissão levando a imagem do Bom Jesus do Monte, como recordação do ano Santo. Em 6 de setembro, foi dada a bênção pelo Padre Thiago Klinger, C.Ss.R., vice-provincial dos Redentoristas. O morro recebeu o nome de Morro do Cruzeiro, e a banda de música, "Aurora Aparecidense", abrilhantou o momento.

Em 23 de novembro de 1939, chegou, de São Paulo, o Arcebispo Dom José Gaspar de Afonseca, que, perante a imagem de Nossa Senhora Aparecida, fez um solene compromisso de construir uma nova Basílica. O local escolhido, a princípio, foi o Morro do Cruzeiro. Mas, após os três engenheiros de São Paulo, em companhia do Arcebispo, o Vigário padre Oscar Chagas, C.Ss.R., e o Prefeito Américo Alves, percorrerem toda a área e terem uma impressão magnífica, não aprovaram o terreno. Então foi escolhido o Morro das Pitas.

Em 1948, durante a semana santa, as 14 capelinhas das estações da Via-Sacra, foram inauguradas pelo Padre Antônio P. de Andrade, C.Ss.R. Os seminaristas do Seminário Santo Afonso plantaram eucaliptos em todo o morro, que exalava um suave perfume pela manhã. E, em 1949, os romeiros já estavam acostumados a fazerem a Via-Sacra no Morro do Cruzeiro, transformando-a em uma devoção popular.

Em 21 de abril de 2000, houve uma reinauguração do complexo do morro, com o projeto arquitetônico do artista sacro Cláudio Pastro e o paisagismo de Gustaaf Winters. Na entrada, foi colocado, do artista plástico Adélio Sarro Sobrinho, um par de mãos postas em oração, de 15 m de altura, e as estações. Além do projeto arquitetônico, Cláudio Pastro fez um grande cruzeiro de aço, de 23 m de altura, que está sobre um mirante de 30 Metros. A remodelação do Morro do Cruzeiro foi uma parceria com o benemérito Sr. Pelerson Penido e o Santuário Nacional.

Nesse local, é possível ter uma vista do Rio Paraíba, da Serra da Mantiqueira, dos morros do Jaburu e Boa vista e da cidade de Aparecida.

Tereza Galvão Pasin
Historiadora

Um olhar diferente para um lugar *especial!*

Viva o Santuário de uma forma única
com nossas Visitas Monitoradas.

Agende agora pelo WhatsApp!

Descubra mais no @citsantuario

Centro de Informações Turísticas

Escaneie o QR Code

DEVOTOS MIRINS

Família dos Devotos
Amor que Constrói

Projeto de evangelização infantil do Santuário Nacional de Aparecida

REVISTA DEVOTOS MIRINS

- HISTÓRIAS EM QUADRINHOS;
- CONTEÚDOS DE ***"CATEQUESE"***, VALORES CRISTÃOS E CIDADANIA;
- INFORMAÇÕES, EXPERIÊNCIAS CULTURAIS, CIENTÍFICAS E EDUCATIVAS;
- PASSATEMPOS.

Para quem é a Revista?

PARA TODAS AS CRIANÇAS É UM MATERIAL DE FORMAÇÃO INTEGRAL. PARA A FAMÍLIA É UMA FORMA DE ESTREITAR O RELACIONAMENTO ENTRE PAIS E FILHOS, ENTRE AVÓS E NETOS, ENTRE VOCÊ E A CRIANÇA QUE AMA.

Conte para a criança que você ama, essa linda história!

HÁ MUITO TEMPO ATRÁS, TRÊS PESCADORES ESTAVAM NO RIO PARAÍBA TENTANDO PESCAR PEIXES. ELES JOGAVAM AS REDES E NADA VINHA. ENTÃO, EM UMA DAS TENTATIVAS, ELES PUXARAM ALGO DIFERENTE: O CORPO DE UMA PEQUENA IMAGEM DE NOSSA SENHORA.

JOGARAM A REDE DE NOVO, E PARA A SURPRESA DELES, DESSA VEZ ENCONTRARAM A CABEÇA DA IMAGEM!

E OLHA QUE LEGAL, A CABEÇA E O CORPO ENCAIXARAM DIREITINHO! DEPOIS DISSO, ALGO MARAVILHOSO ACONTECEU: OS PESCADORES CONTINUARAM A PESCAR E, DE REPENTE, VIERAM MUITOS E MUITOS PEIXES! QUE ALEGRIA!

ESSE É O MILAGRE MAIS CONHECIDO DA MÃEZINHA APARECIDA!

ACESSE ESTE QRCODE E ASSISTA O CLIPE MUSICAL DA PESCA.

VAMOS COLORIR!

CUIDAR DA FORMAÇÃO E DO DESENVOLVIMENTO DE UMA CRIANÇA É UMA TAREFA DIFÍCIL E DAS MAIS IMPORTANTES PARA UM ADULTO.

ACADEMIA MARIAL: 40 ANOS PROPAGANDO A DEVOÇÃO MARIANA

Com o objetivo de promover a devoção a Nossa Senhora Aparecida e incentivar estudos, reflexões e pesquisas sobre a teologia mariana, a Academia Marial de Aparecida (AMA) completou 40 anos em julho de 2025.

De acordo com a Supervisora Administrativa da Academia Marial, Eliana Cassiano, a Academia é uma associação de pessoas que têm o desejo de conhecer mais profundamente quem é Maria de Nazaré: "A devoção a Maria tem de ultrapassar todas nossas intercessões, tem de gerar frutos, tem de gerar Cristo em nós e, acima de tudo, ter Maria como modelo".

Acervo diversificado

O acervo da Academia Marial é bastante diversificado e está dividido em duas categorias:

Acervo iconográfico: composto de mais de 300 peças, incluindo imagens, quadros, medalhas, moedas comemorativas, fotografias, discos, selos e objetos diversos.

Acervo bibliográfico: formado por livros, periódicos, teses e dissertações.

A maior parte desse acervo é proveniente de doações de associados e devotos que destinam os objetos à AMA. Há também obras adquiridas por meio de compras ou patrocinadas por editoras parceiras.

Equipe e estrutura organizacional

A AMA conta com uma equipe de cinco colaboradores, que atuam nas áreas de biblioteca e acervo, administração, mídias sociais e site. Além da equipe técnica, a Academia é orientada por um Conselho Diretor composto do Arcebispo de Aparecida, o Reitor do Santuário Nacional e um Missionário Redentorista que exerce a função de Diretor Executivo.

O Conselho ainda conta com oito conselheiros e o apoio da Assessoria Teológica, formada por sete assessores. A equipe de conselheiros e assessores é composta de leigos e religiosos, promovendo um olhar plural sobre os temas ligados à mariologia.

Atividades formativas

Ao longo do ano, a AMA promove atividades regulares como:

- Semana Mariológica;
- Congresso Mariológico;
- Assembleia dos Associados;
- Congresso Bíblico;
- Retiros espirituais.

Além dessas ações, também realiza eventos esporádicos como o Café Mariológico, além de participações em feiras e exposições.

Para quem deseja se aprofundar academicamente na área, há ainda a pós-graduação em Mariologia, uma iniciativa da AMA em parceria com o Instituto São Paulo de Estudos Superiores (ITESP).

Como se associar

Atualmente, conta com mais de 450 associados. A participação é aberta a todas as pessoas que exercem alguma atividade na dimensão mariana ou que desejam aprofundar seus conhecimentos teológico-marianos. Para se tornar um associado, basta preencher a ficha de inscrição disponível no site a12.com/academia.

A Academia Marial está localizada no 11º andar da Torre Brasília, no Santuário Nacional de Aparecida, e está aberta à visitação gratuita de segunda a sexta-feira, das 8h às 17h.

Carla Moura
Assessoria de Imprensa do Santuário Nacional

LIVRARIA SANTUÁRIO
Agora, também, ONLINE.
APONTE A CÂMERA DO SEU CELULAR E ACESSE NOSSO NOVO SITE!
LIVRARIA SANTUÁRIO
LIVROS
CARLO ACUTIS
BÍBLIAS
R$ 39,90
R$ 35,00
Casula
NEWSLETTERS
CADASTRE-SE E FIQUE POR DENTRO DE PROMOÇÕES E NOVIDADES!
Encontre as principais editoras e marcas católicas sempre perto de você.
LIVRARIA SANTUÁRIO
PARADA OBRIGATÓRIA NA SUA VISITA A APARECIDA!
O ponto de encontro de livros e presentes que inspiram o amor a nossa Mãe Aparecida e a nosso Senhor Jesus.
LIVRARIA SANTUÁRIO
VENHA NOS VISITAR!
Loja 1: Ao lado da Basílica Velha
Loja 2: Centro de Apoio aos Romeiros
Loja 3: Subsolo do Santuário Nacional
Loja 4: Subsolo do Santuário Nacional
Loja 5: Galeria Recreio (ao lado da Passarela)
Loja 6: Centro de Apoio aos Romeiros – Em frente ao Aquário
Loja 7: Cidade do Romeiro
0800 016 0004 | livrariasantuario.com.br

O CUIDADO COM A AUTOIMAGEM: MAIS DO QUE VAIDADE, UM ATO DE AMOR-PRÓPRIO

Durante muito tempo, falar de imagem era fazer associação à vaidade ou, até mesmo, futilidade. Mas a verdade é que autoimagem não é apenas o que você vê no espelho, é o que você sente quando se olha. E isso muda tudo.

A forma como me vejo afeta como me comporto, que afeta como os outros me percebem e se relacionam comigo e que afeta diretamente como me sinto. Percebe que tudo começou em como eu me vejo? A probabilidade de não ter um dia bom, quando se sai com a primeira roupa que encontrou, cabelo sujo ou com a famosa "cara lavada", é bem grande.

Nosso corpo fala, e 93% de nossa comunicação é não verbal, ou seja, antes mesmo de dizer uma só palavra, nossa imagem já contou uma história sobre nós.

Como analista em coloração pessoal e especialista em autoestima, vejo mulheres chegarem até mim desconectadas de si mesmas. A maioria não sabe mais do que gosta, não se reconhece nas roupas que usa, não possui uma rotina de autocuidado e, muitas vezes, não há o brilho no olhar. Elas acreditam que "não têm mais estilo" quando, na verdade, perderam-se durante um relacionamento difícil, na chegada à maternidade, na mudança do corpo, na transição de carreira; com isso se esqueceram de quem são.

A autoimagem é o reflexo de nossa identidade. Quando nos vestimos com intenção, quando usamos cores que realçam nossa beleza natural, quando escolhemos um batom que comunica força ou leveza, estamos, na verdade, expressando quem somos.

Dicas simples para começar a cuidar de sua autoimagem hoje:

- Olhe-se no espelho com gentileza, todos os dias.
- Descubra sua cartela de cores, use cores que iluminem seu rosto e experimente!
- Vista-se de acordo com quem você é, e não com o que esperam de você.
- Escolha um item que valorize você: um batom, um acessório, uma peça com significado.
- Crie uma rotina de autocuidado de acordo com sua realidade.

Autoimagem não é sobre seguir tendências, sobre consumismo ou perder horas na frente do espelho com skincare e maquiagem. É sobre usar a beleza como aliada da confiança, da presença e do amor-próprio. Cuidar da imagem é um ato silencioso de coragem. E pode ser o primeiro passo para uma nova versão de si mesma.

Joice Monteiro
Analista em Coloração Pessoal, especialista em Autoestima e Consultora de Imagem
joicehmonteiro

Assista também pelo Youtube da TV Aparecida
Confira tudo o que acontece na Casa da Mãe Aparecida!
SÁBADO NO SANTUÁRIO
Acompanhe todos os sábados, às 10h, na TV Aparecida.
APARECIDA

O QUE É ECOLOGIA INTEGRAL?

Já estamos acostumados a presenciar e experimentar fatos relacionados com a crise ambiental: chuvas torrenciais que provocam inundações que levam tudo de roldão, secas prolongadas que afetam as plantações e ocasionam a falta de água, deslizamentos nas encostas de morros habitados, causando destruição das casas e, em muitos casos, mortes por soterramento.

Trata-se sempre de tragédias que afetam as populações que vivem nessas regiões, atingem e desestruturam seus territórios habitados e destroem a natureza com sua biodiversidade que circunda esses ambientes sociais, indispensáveis para sua sustentabilidade socioambiental. Esses fatos estão se repetindo sempre mais, fazendo-nos acostumar com sua ocorrência, tornando-se algo normal que já não provoca uma reação de consciência ecológica de que isso não deveria acontecer e exige uma mudança em nossa mentalidade cultural consumista e no modo de organizar a sociedade e a economia.

Está comprovado que a mudança climática e o maior aquecimento da terra são provocados pelas atividades e intervenções humanas no equilíbrio da natureza. Estamos destruindo nossa casa comum que nos fornece as condições para que a vida possa existir. Precisamos assumir a responsabilidade socioambiental, propondo mudanças no hábito de consumo, o qual produz montanhas de lixo, e no modo de organizar a economia, que precisa respeitar os limites da natureza, não retirando dela recursos para além do que ela consegue. A agricultura também precisa fazer as contas com o equilíbrio da natureza respeitando seus ritmos, como sempre souberam os pequenos camponeses do interior. Devemos aprender deles e dos indígenas como viver em harmonia com a natureza.

O Papa Francisco refletiu sobre todas essas questões em sua encíclica Laudato Si (Louvado seja). Nela, é proposta uma ecologia integral como resposta ao problema ambiental. Para ele a ecologia tem de ser integral, porque precisa levar em consideração não só a natureza, mas todos os elementos que compõem a realidade: os seres humanos, a sociedade, a economia, a política e a cultura, porque tudo está interconectado em uma interdependência. Nesse sentido, o Papa apresenta uma visão sistêmica da ecologia, porque a destruição do meio ambiente não é só uma degradação ambiental, mas também uma degradação humana, social e ética. Por isso a solução para o problema ambiental precisa levar em consideração todos esses outros aspectos. Não existe uma melhoria do meio ambiente sem uma transformação ética do ser humano e da sociedade. A ecologia ambiental necessita englobar uma ecologia social, econômica e cultural. Em outras palavras, exige uma conversão ecológica do ser humano e uma transformação socioambiental da sociedade e de sua economia. Sem essa mudança de atitude e de organização social, não há solução para a crise ambiental.

Pe. José Roque Junges, SJ
Autor do livro Para Entender – A Questão Ambiental, pela Editora Ideias e Letras

MARIA, A BEM-AVENTURADA

Bem-aventurada significa "feliz", "abençoada", "próspera". Maria se tornou grande por ter sido a mais humilde das criaturas, por pura graça recebida de Deus em sua fé obediente ao Pai: "Eis aqui a serva do Senhor, faça-se em mim segundo a tua palavra" (Lc 1,38). São Bernardo de Claraval (1090-1153) escreveu: "Ela responde assim, humildemente, para desse modo preparar um trono que convém à graça divina. [...] Que humildade tão sublime é esta, que não se deixa vencer pelas honras nem se orgulha com sua glória? É escolhida para ser a mãe de Deus e chama a si mesma de serva".

A Virgem Maria consagrou-se totalmente a Deus, colocando-se à inteira disposição d'Aquele que a chamou. Ela aceita ser a mãe do Filho de Deus, e, tendo em vista essa grande missão, o Pai a provê com todas as graças: Maria é imaculada, é a virgem Mãe de Deus, foi assunta ao céu. Porque acreditou, a Virgem Maria pôde cantar no Magnificat: "Eis que de agora em diante todas as gerações me chamarão bem-aventurada" (Lc 1,48b).

Esse "é um hino de fé no Deus que a criou, santificou e a escolheu para um serviço inédito e único na história" (Neotti, p. 37). Esse canto é entoado por Maria ao encontrar sua prima Isabel, que a reconheceu como "bendita", "Mãe do Senhor", a "bem-aventurada". É um canto de louvor a Deus pela chegada do tempo do cumprimento das promessas anunciadas no Antigo Testamento.

Maria é bem-aventurada, porque acreditou, porque disse "SIM" ao convite de Deus e tornou-se a mãe do Salvador. É bem-aventurada, porque ouviu e colocou em prática os ensinamentos de seu Filho. Ela é modelo de virtudes a ser seguido, principalmente em sua fé inabalável e na acolhida da graça de Deus em sua vida. Modelo de ética cristã que deve pautar a vida de todo crente em Jesus Cristo.

Diante de Maria, a única atitude que resta para cada cristão é aprender, sempre de maneira renovada, a fé e o acolhimento da graça de Deus, a disposição de ir ao encontro do outro, como na Visitação, a escuta da Palavra e o agir para que essa Palavra se concretize em ações éticas e caridosas.

Maria Suzana F. A. Macedo
Associada da Academia Marial de Aparecida

TV APARECIDA ACOMPANHOU PASSO A PASSO A ELEIÇÃO DO SUCESSOR DE PEDRO, PAPA LEÃO XIV

Às 18h07, horário de Roma (às 13h07, horário de Brasília), no dia 8 de maio de 2025, a fumaça branca tão aguardada saiu da chaminé instalada no teto da Capela Sistina, no Vaticano. Entre aplausos e muitos gritos, a emoção tomou conta da praça de São de Pedro. A TV Aparecida estava ao vivo, em uma entrada no jornal TJ Aparecida, quando veio o sinal que o mundo esperava: os cardeais eleitores tinham escolhido o sucessor de Pedro. A expectativa de conhecer o eleito durou pouco mais de uma hora. O protodiácono, Cardeal Dominique Mamberti, anunciou, em latim, no balcão da Basílica Vaticana de São Pedro: "Annuntio Vobis Gaudium Magnum: Habemus Papam", que quer dizer, "eu vos anuncio uma grande alegria: temos o Papa!" Robert Francis, cardeal Prevost, escolheu como nome Leão XIV.

Antes desse momento histórico, a equipe da TV aparecida havia embarcado para Itália, logo depois da morte do Papa Francisco. Quatro pessoas, Camila Morais (jornalista), Karla Borges (produtora), João Éder (cinegrafista), Irmão Alan Patrick Zuccherato, C.Ss.R. (Diretor de Arte e Pastoral da TV Aparecida), tinham a missão de fazer com que os telespectadores acompanhassem, passo a passo, a despedida de Francisco e a eleição de seu sucessor.

Na sexta-feira anterior, dia 2 de maio, a equipe da TV Aparecida chegou, nas primeiras horas da manhã a Roma. Era o último dia possível para despedida do Papa Francisco. Conseguiram fazer imagens da imensa fila que se formou na basílica vaticana de São Pedro para o adeus a Francisco, cujo caixão permaneceu aberto até as 17h local.

No sábado, a equipe teve o privilégio de acompanhar, bem próxima, a chegada do caixão do Papa Francisco à Basílica de Santa Maria Maior, onde ele escolheu ser sepultado. Uma multidão se reuniu em frente à igreja onde Francisco esteve 126 vezes para saudar o ícone de Salus Populi Romani, a salvação do povo romano. Eram pessoas de todas as idades, desde crianças, jovens até idosos que reconheceram o caminho de abertura e a reforma que o Papa argentino fez na Igreja católica.

Da tristeza de despedida, seguiu-se a semana, com o sentimento de expectativa. A cada novo dia, o início do conclave se aproximava. A data marcada para começar o processo de escolha foi 7 de maio, uma quarta-feira. As congregações gerais aconteceram na sala Paulo VI, onde os cardeais puderam se conhecer e falar sobre as características para o novo Papa.

Era perceptível que o colégio cardinalício queria um Papa que fosse missionário, aberto ao diálogo, pastoralista e que conhecesse as dores e os sofrimentos da humanidade. Alguns nomes apareciam como cotados, mas o ditado romano que diz que "quem em um conclave entra eleito Papa sai do conclave como cardeal", mais uma vez, confirmou-se.

O cardeal Prevost tinha todas as características abordadas nos encontros das congregações gerais. Os 133 cardeais eleitores, com menos de 80 anos idade, fecharam-se em conclave na Capela Sistina, na quarta-feira, dia 7 de maio. Ao fim do primeiro escrutínio, saiu a fumaça preta, indicando que não havia escolhido o novo Papa. No dia seguinte, após os três escrutínios da quinta-feira, a fumaça branca saiu.

O choro da despedida do Papa Francisco, dias antes, transformou-se, na praça de São Pedro, em alegria pelo novo sucessor. Papa Leão XIV apareceu no balcão anunciando que a paz será o grande empenho em seu pontificado.

Camila Morais
TV Aparecida

10 DICAS DE COMPORTAMENTO E ETIQUETA PARA CONVIDADOS EM FESTAS E EVENTOS

Participar de eventos, festas e casamentos é sempre especial. Como convidados, também temos nosso papel. Como algumas atitudes fazem toda a diferença, é importante lembrar algumas coisas que não devemos fazer:

Ignorar a confirmação de presença: essa atitude pode atrapalhar toda a organização.

Ir com roupa inadequada: sempre seguir o que consta no convite e lembrar que não devemos usar branco em casamentos.

Não cumprir o horário: em alguns casos, o atraso é considerado falta de respeito.

Não troque de mesa ou de lugar: essa atitude pode gerar confusão e desorganização.

Evite fotos em excesso: tirar foto, a esmo e em excesso, pode atrapalhar as fotos oficiais e os profissionais do evento.

Não fale de assuntos polêmicos ou fofocas: evite tocar em assuntos que possam gerar constrangimentos e brigas desnecessárias.

Seja cortês e amigável com todos: não trate mal funcionários, garçons e outros convidados.

Não tire o foco principal do evento, da festa ou do casamento: não tente roubar a atenção fazendo, por exemplo, discursos não programados.

Não leve convidados extras sem avisar: essa atitude pode parecer falta de consideração.

Não despedir ou agradecer: é sempre de bom tom agradecer a quem promoveu a festa ou o evento o convite. Ao ir embora, sempre que possível, despeça-se do anfitrião.

Jucilene Silva
Assessora de eventos e Cerimonialista
@realizeassessoria.eventos

RÁDIO APARECIDA CELEBRA 75 ANOS DE EXISTÊNCIA

Falar da trajetória de 75 anos da Rádio Aparecida é uma grande oportunidade, pois a emissora, que nasceu sob o manto de Nossa Senhora Aparecida, ao longo dos anos conquistou o coração dos ouvintes, mantendo-se fiel a seus princípios de comunicar favorecendo a pastoral. Desde o início das discussões sobre a viabilidade um veículo dessa importância, em 1937, os sonhadores missionários redentoristas se dedicaram a trazer, para o cenário da Igreja, esse veículo para a formação cristã, com uma boa comunicação, música de qualidade, buscando o anúncio da Copiosa Redenção. Afinal, o Evangelho, em diferentes cenários culturais e sociais, necessita ser bem transmitido e compreendido pelos destinatários. Nesse sentido, a Rádio tem sido fiel, mantendo-se solidificada em seus propósitos e garantindo a credibilidade dos ouvintes e parceiros.

Em sua grade de programação, conta, desde o início, com a veiculação da missa, às 9h, direto do Santuário Nacional, e a Oração do Terço noturno, que traduzem o ser da emissora: fazer chegar aos lares dos ouvintes o ambiente acolhedor e animador da Casa da Mãe. O programa "Os Ponteiros Apontam para o Infinito", na voz do venerável Padre Vítor Coelho de Almeida, e "A Catequese de Adultos", na voz do Pe. Daniel Marti, tornaram-se cartões de apresentação da emissora, sendo a voz do Santuário Nacional. Ainda nos primórdios, a Rádio já oferecia uma vasta programação de entretenimento, com programas de auditório, musicais, sempre mantendo sua marca católica. Por isso nasceu um quadro que até hoje é parte integrante da grade: A Consagração a

Nossa Senhora Aparecida, transmitido, diária e pontualmente, às 15h.

Sempre se mantendo na vanguarda da comunicação, a rádio criou o Clube dos Sócios, oportunidade de os ouvintes serem acolhidos como membros dessa grande família evangelizadora, realizando não só as comunicações pelas ondas do rádio, como também os encontros anuais e bimestrais do clube deles, proporcionando momentos de proximidade maior, partilha e integração deles a todo o conteúdo da emissora. E, como sempre escutando os ouvintes e avançando na parceria com eles, em sua grade, ofereceu as famosas radionovelas e os programas de auditório, produções de grande sucesso de público e uma verdadeira escola para despertar artistas de várias gerações de músicos.

Em sua trajetória, a Rádio Aparecida vivenciou os acontecimentos reais do Brasil, acompanhou as lidas do povo em sua busca do respeito e da conservação de seus direitos humanos, bem como a vivência da Igreja em seus desafios para uma evangelização mais atualizada, que respondesse, de fato, aos apelos do Evangelho em um mundo ferido. Sempre se atentou para o crescimento das consciências e da presença e missão da Igreja nos novos cenários e nas realidades brasileiras. Suas equipes, seus radialistas, locutores, jornalistas, sua direção, sempre atentos aos novos cenários da Evangelização, fizeram com que a Rádio Aparecida não ficasse presa a um só momento da Comunicação, mas sempre se inteirasse dos desafios surgidos. Com a respeitabilidade, adquirida ao longo de sua trajetória, hoje oferece às outras emissoras católicas e até mesmo às não confessionais a vasta grade de programação, por meio da RAR. – Rede Aparecida de Rádio. O que se tornou uma forma de ser e estar presente em todo o território nacional.

No dia 30 de maio de 1955, o Pe. Laurindo Rauber, Missionário Redentorista e então Diretor da Rádio Aparecida, inseriu na grade de programação a oração escrita pelo também missionário redentorista, o Venerável Pe. Vítor Coelho de Almeida. Essa oração ultrapassa as linhas do tempo e, ainda hoje, une gerações em todo o Brasil.

Realizada na Basílica histórica, a Consagração a Nossa Senhora Aparecida alcança, por intermédio dos meios de comunicação da Rede Aparecida, Tv, Rádio e Portal, milhões de fiéis a Deus, que, pelas mãos da Mãe Aparecida, apresentam ao Pai suas intenções pessoais e familiares.

Olhando esses 75 anos de presença fiel e Evangelizadora, como veículo de comunicação do Santuário Nacional, a Rádio Aparecida vê o futuro com esperança e inspiração. Na realidade das comunicações, firma-se como o veículo que mais dialoga com as novas tecnologias e se faz presente nelas, com a mesma competência e qualidade que tornaram o meio de transmissão e comunicação mais democrático e crível, pois consegue se fazer presente, dialogar, oferecer e proporcionar o conforto de se ter a mensagem emitida onde o ouvinte se encontra, sem que este precise se deslocar ou paralisar suas atividades corriqueiras.

Pe. Vanderlei Santos de Sousa C.Ss.R.
Diretor Rádio Aparecida e da Rádio POP 90,9 FM

CUPCAKE DE CHOCOLATE

Ingredientes

- 40g de manteiga sem sal
- 1 ovo
- 70g de açúcar refinado
- 5g de fermento em pó
- 20g de cacau em pó
- 75g de iogurte
- 300g de brigadeiro

Modo de preparo

Misture, com um batedor de arame, a manteiga, em temperatura ambiente, os ovos e o açúcar. Em outro recipiente, misture a farinha, o cacau, o fermento e o iogurte. Em seguida, misture tudo e bata. Leve essa massa para assar por 20 minutos. Retire-a do forno e deixe-a esfriar. Coloque 300g de brigadeiro na batedeira e bata-o de três a cinco minutos, até ficar claro. Coloque-o em um saco de confeitar, com o bico que desejar, e faça a cobertura dos cupcakes.

Seja criativo na decoração. Vale usar granulado colorido, coco ralado, confeitos de chocolate.

HUMOR E MEDICINA

Médico querendo impressionar

Um médico, recém-formado, montou seu consultório modesto. Em seu primeiro dia, a fim de impressionar, quando chegou o primeiro cliente, assumiu uma postura de homem ocupado, fez sinal para que o visitante aguardasse um momento e fingiu que estava atendendo uma ligação urgente no telefone fixo do consultório. Disse ele:

– Sinto muito, deputado, mas é impossível. Amanhã cedo tenho de fazer um transplante de coração, à tarde dou aulas na faculdade e à noite estou embarcando para um congresso em Nova York.

Depois, voltando-se para o visitante, perguntou:

– Em que posso ajudá-lo?

E o visitante respondeu:

–Doutor, me dá licença, eu sou o técnico, vim ligar o telefone fixo da sala do senhor.

O médico e o veterinário

Um veterinário, sentindo-se mal, precisou se consultar com um médico. Ao entrar no consultório, de modo muito mal-educado, foi dizendo que era veterinário, que, quando atendia seus pacientes, era obrigado a descobrir a doença sem fazer nenhuma pergunta e que gostaria ocorresse o mesmo com ele. O médico concordou e, depois de um exame cuidadoso, sentou-se, escreveu a receita e, em seguida, disse ao veterinário:

– Faça uso desses remédios, se dentro de uma semana o senhor não tiver melhorado, sinto muito, mas vamos ter de sacrificá-lo.

Caso grave

O médico em sua casa atende o telefone. Quem está ligando é seu colega de profissão, que diz:

– Estou aqui com outros colegas em um bar e precisamos de mais um jogador de sinuca para completar o quadro para uma partida. Venha para cá.

Ele responde:

– Já estou a caminho.

Enquanto o médico troca de roupa, sua mulher, percebendo que ele vai sair, pergunta: – O caso é grave?

Ele responde seriamente:

– É sim, tão grave que já há três outros médicos no local.

PONTO DE ENCONTRO:
ACOLHIMENTO E SEGURANÇA PARA OS DEVOTOS NO SANTUÁRIO NACIONAL

Integrado ao Centro de Informações Turísticas, o Santuário Nacional de Aparecida conta com o Ponto de Encontro – um espaço que serve como referência para pessoas desencontradas e também para onde são encaminhados os objetos perdidos. O local está situado no ponto central da marquise que liga o Santuário ao Centro de Apoio ao Romeiro, funcionando diariamente durante o horário de abertura da Basílica.

De fácil acesso, o Ponto de Encontro conta com uma equipe treinada para oferecer atendimento humanizado, garantindo acolhimento com sensibilidade e respeito, especialmente nos casos que envolvem crianças, pessoas com deficiência e idosos.

Em situações de desencontro entre romeiros, familiares ou grupos de peregrinação, as pessoas são acolhidas com atenção em um espaço reservado, onde permanecem sob os cuidados da equipe até que o contato com um acompanhante seja restabelecido.

Além disso, o Santuário dispõe de um canal interno de comunicação, integrado à rotina de atendimento, que facilita o reencontro. Equipes da Segurança e agentes do Centro de Apoio ao Romeiro colaboram ativamente para assegurar a tranquilidade e o bem-estar dos peregrinos.

Os objetos perdidos também são recebidos com responsabilidade. Todos os pertences são recolhidos por colaboradores, catalogados e armazenados com segurança por até dois meses. Após esse período, caso não sejam retirados pessoalmente, podem ser enviados via Correios, mediante solicitação. Objetos de caráter devocional, como imagens, terços e artigos religiosos, são encaminhados à Sala das Promessas, onde continuam a expressar a fé dos devotos.

O Centro de Informações Turísticas recomenda que os devotos, especialmente crianças e idosos, utilizem cartões, crachás ou pulseiras com nome e telefone dos responsáveis, facilitando a identificação e o contato em caso de desencontros.

Em 2024, o Santuário Nacional de Aparecida recebeu mais de 9 milhões de devotos, registrando um crescimento de aproximadamente 2,4% em relação a 2023. Esse fluxo reforça o compromisso do Santuário com a segurança, o acolhimento e a fé dos que visitam a Casa da Mãe Aparecida.

Pietra Guimarães
Assessoria de Imprensa do Santuário Nacional

2026
FIFA WORLD CUP
UNITED STATES|CANADÁ|MÉXICO

COPA DO MUNDO FIFA 2026 TERÁ NOVIDADES

Entre os dias 11 de junho e 19 de julho de 2026, ocorrerá a vigésima terceira edição da Copa do Mundo de Futebol masculino, que terá muitas novidades.

Essa competição, em 2026, será a primeira disputada simultaneamente em três países diferentes: Canadá, que receberá a competição pela primeira vez; Estados Unidos, que receberá pela segunda vez; e México, pela terceira vez. No total serão 16 cidades-sede, sendo 11 nos Estados Unidos, 3 no México e 2 no Canadá.

Outra novidade será o aumento no número de seleções que participarão do evento, um total de 48, em vez de 32, conforme ocorreu na edição anterior. As seleções serão divididas em 12 grupos e disputarão um total de 104 jogos. Dentro desse novo formato, aumentaram as vagas de cada confederação continental: 16 vagas para a Europa; 9 para a África; 8 para a Ásia; 6 para a América do Norte e centro América; 6 para a América do Sul; 1 para a Oceania. As outras 2 vagas serão disputadas em um torneio Play-off internacional entre seleções, que ocorrerá em um dos países-sede no início de 2026.

Ainda no campo das novidades, acontecerá a realização de um grande show durante o intervalo da grande final, que durará cerca de meia hora. Com essa mudança, a final da Copa terá dois tempos de 45 minutos, com um intervalo de meia hora no meio.

A abertura da Copa do Mundo 2026 acontecerá no dia 11 de junho, no Estádio Azteca, na Cidade do México, que já recebeu duas finais de Copa, em 1970 e 1986. Já a final ocorrerá no dia 19 de julho, nos Estados Unidos, no MetLife Stadium, em East Rutherford, Nova Jersey.

Da Redação

ECOS HÁ 40 ANOS

A edição de 1986 do Almanaque de Nossa Senhora – Ecos Marianos –, cujos assuntos foram variados, possuía um total de 160 páginas e teve como seus redatores Pe. Flávio Cavalca de Castro, C.Ss.R., e Manoel José Paixão. Em sua capa vermelha, havia a imagem de Nossa Senhora Aparecida e abaixo a inscrição 1986.

Os principais temas dessa edição foram:

A Pastoral do Santuário de Nossa Senhora Aparecida

Escrito pelo Pe. José Bertanha, C.Ss.R., esse texto abordou as atividades pastorais dos Missionários Redentoristas no novo Santuário, iniciadas em 1980, as celebrações, o atendimento aos romeiros e o santuário como um lugar de fraternidade e de vivência da fé.

XI Congresso Eucarístico Nacional: o Brasil se reuniu em Aparecida

Esse artigo relatou o XI Congresso Eucarístico Nacional, ocorrido de 16 a 21 de julho de 1985, apresentando os principais acontecimentos no congresso, destacando as conferências e seu encerramento, que contou com a presença do então presidente da República José Sarney.

Aparecida, 1925 – Um repórter visita o Santuário

Nessa edição do Almanaque, foi resgatada uma reportagem, originalmente publicada pelo extinto jornal Correio Paulistano, na qual trazia a visão de um repórter do jornal que visitou Aparecida em setembro de 1925, revelando como era a cidade, o santuário e os peregrinos daquele tempo.

Conheça alguns Santuários Católicos

Esse artigo informou, com imagens, sobre alguns dos principais Santuários do Brasil: o Santuário do Divino Pai Eterno; Santuário do Senhor Bom Jesus de Iguape; Santuário do Bom Jesus da Lapa; Santuário de Nossa Senhora da Penha, entre outros.

Da Redação

AFINAL, O QUE É A EMPATIA?

A empatia é uma palavra muito em evidência nos dias atuais, aparecendo frequentemente nos discursos de autoridades, intelectuais e nas conversas do público em geral. Ao abordarem esse tema, as pessoas normalmente pensam na empatia como um tipo de postura ou forma de se comportar que contribuiria para relações sociais mais positivas, justas e solidárias, reconhecendo sua importância para a construção de um mundo melhor. Mas, afinal, o que é a empatia?

Existem diversos conceitos, mas, do ponto de vista científico, ela é compreendida como um fenômeno psicológico durante o qual um indivíduo consegue entender o que o outro está sentindo e as possíveis razões para que isso ocorra, ao mesmo tempo em que experimenta sentimentos que são de mesma natureza que aqueles vividos pela outra pessoa. Quando uma resposta empática é despertada, aumenta a chance de a pessoa se preocupar e querer cuidar, ajudar ou confortar o outro por quem se está sentindo a empatia. Porém esse tipo de motivação altruísta não ocorre em todas as circunstâncias nem automaticamente, pois a forma como a empatia é experienciada e o que se faz a partir de sua ativação podem variar bastante de pessoa para pessoa.

Ao nascermos, algumas estruturas cerebrais possibilitam que as emoções e o comportamento funcionem como uma espécie de base para que o bebê expresse suas necessidades e responda ao ambiente a sua volta. Porém são as interações com as outras pessoas que vão constituir, gradativamente, elementos importantes a partir dos quais se desenvolverá a empatia que nós conhecemos. Por isso é que as experiências vividas ao longo da infância e da adolescência são tão importantes, cabendo aos adultos estabelecer oportunidades de promoção da empatia em todos os contextos.

As atividades e situações que podem ajudar no "cultivo" à empatia são diversas, podendo variar desde conversas informais, brincadeiras, jogos, encenações, até o uso de audiovisuais. O essencial mesmo é que esse processo ocorra de forma sistemática e que, durante os momentos de interação, as crianças e os adolescentes sejam estimulados a refletir sobre regras de convivência e valores morais, a avaliar as consequências de suas ações e a se colocar no lugar dos outros. Dessa forma, os benefícios da empatia no estabelecimento de relações sociais mais positivas terão mais chance de serem alcançados e a necessidade de tratar o outro como gostaria de ser tratado surgirá como consequência de um sentimento que vem de dentro das próprias pessoas e não como mera repetição de algo feito apenas para agradar quem está olhando.

Leonardo Rodrigues Sampaio
Autor do livro Empatia: Da Teoria à Prática, pela Editora Ideias e Letras

LOBISOMEM MADE IN BRAZIL

A lenda do Lobisomem chegou ao Brasil no século XVI com os portugueses. De origem grega e conhecida mundialmente, acabou adquirindo, em terras tupiniquins, algumas características marcantes para se adaptar.

Como no Brasil só existe o lobo Guará, que se assemelha mais a um cachorro grande, os relatos sobre a criatura variam muito. Dependendo da região, normalmente em áreas rurais ou florestais, o lobisomem pode ser descrito como meio cachorro, porco, cavalo, bezerro e até mesmo macaco. Mas, geralmente, é retratado como um cachorro preto, grande, peludo e magro.

Quem vira lobisomem? Conforme a lenda, existem formas distintas de um homem perder o controle sobre si mesmo e transformar-se em uma criatura bestial: metade homem e metade bicho – um lobisomem!

O Sétimo Filho – Diz a crença popular que são amaldiçoados aqueles que nascem como o sétimo filho consecutivo (sem que haja mulher entre eles) e cujo

irmão mais velho, o primogênito, não tenha batizado o caçula.

Castigado – Nasce de uma relação incestuosa, de relacionamento entre compadre e comadre, padrinhos e afilhadas, pecados graves na família.

Hereditário – É descendente e recebe a maldição por hereditariedade, ou seja, o pai já é lobisomem.

Vítima de ataque – Homem é atacado, mordido ou arranhado por um lobisomem.

Pactuado – Aquele que faz um pacto com "coisa-ruim" em uma encruzilhada, para provocar a metamorfose.

Feitiçaria – Quem recorre à magia negra para virar bicho, geralmente, lambuza-se com unguento mágico (feito com ervas e gordura animal), antes de se transformar.

Cinto – Nesta versão, o indivíduo usa esse objeto amaldiçoado ou enfeitiçado que provoca sua mudança física.

A transformação geralmente acontece nas noites de sexta-feira de lua cheia, mas há relatos de que há lobisomens que se transformam nas noites de quinta para a sexta-feira. Nas versões envolvendo magia e pacto, o homem pode se transformar na hora que desejar. Seu corpo fica peludo, seus olhos, vermelhos ou amarelos, as orelhas aumentam de tamanho, suas unhas ficam pontiagudas e sua feição se torna animalesca.

Em algumas versões, o sujeito teria de retirar as roupas, dar sete nós na camisa e se espojar, rolar no chão sete vezes perto de cochos, chiqueiros, locais onde os animais ficam e, assim, virar o animal que frequenta o local; por isso há as versões porco, bezerro, cavalo etc.

A fera teria de correr sete bairros ou sete encruzilhadas durante a noite e só então poderia voltar à forma humana. Nessas suas andanças, consumiria fezes de galinhas, carniça, sangue de crianças não batizadas e mulheres grávidas.

Contam que, ao chegar a casa no fim da madrugada, mesmo bebendo água quente, para colocar para fora toda a porcariada que comeu durante a noite, fica indisposto o dia todo. Quem vira lobisomem não tem coragem de trabalhar, tem a aparência fraca, pálida e doente.

O Brasil, como se percebe, segundo o folclore, abriga um conjunto de diversos tipos de lobisomem, variando conforme a região onde ocorrem os relatos.

Não há uma cura conhecida para a sina do Lobisomem. Segundo algumas tradições, acredita-se que, se ferir a criatura, sangrando-a antes do amanhecer, poderia fazê-la "desencantar", quebrando o ciclo da maldição. E também seria possível se proteger da besta com objetos de prata, benzimentos, amuletos e orações.

Mauricio Pereira
Autor e Ilustrador de livros infantojuvenis
Conheça seu trabalho no
www.omauassombrado.com.br
@omauassombrado

RECEPTIVO EQUESTRE: ACOLHIMENTO PARA ROMARIAS A CAVALO

O Santuário Nacional, como a Casa do Povo Brasileiro, é um ponto frequente para diversas peregrinações, inclusive as tradicionais romarias que chegam a cavalo. Pensando nesse contexto de acolhida, a Basílica de Aparecida dispõe de um espaço preparado especialmente para atender às cavalgadas: o Receptivo Equestre.

Como o próprio nome indica, é um espaço, com 3.075 m², cercado por alambrados, destinado aos equinos, com capacidade para receber até 120 animais e seus montadores.

A estrutura inclui:

- cochos para alimentação;
- torneiras para hidratação;
- quiosques de apoio;
- espaço para banho, com mangueiras;
- duas docas em formato de rampa, para facilitar o embarque dos animais em veículos de transporte.

O funcionamento ocorre de 1º de abril a 31 de agosto, período em que as temperaturas são mais amenas, reduzindo o desgaste dos animais durante as cavalgadas. Fora desse período, o espaço permanece fechado, visando à preservação da saúde dos animais.

O epaço está localizado nas dependências do Santuário Nacional, próximo à cancela do estacionamento da Portaria dos Apóstolos, sendo que a entrada e a saída devem ser feitas exclusivamente por esse acesso. O uso é gratuito e exclusivo para o animal e seu responsável. No entanto, para utilizar o local, é necessário estar atento a alguns pontos importantes, como o agendamento prévio, as condições dos animais e as responsabilidades dos cuidadores.

Animais feridos ou em condições inadequadas não podem acessar o espaço, sendo essa avaliação feita pelo Santuário ou pelos médicos-veterinários credenciados. Caso seja constatada qualquer irregularidade no tratamento dos animais, a situação será comunicada às autoridades competentes.

Agendamento

É obrigatório realizar o agendamento prévio, com pelo menos 60 dias de antecedência, por meio do e-mail: estacionamento@santuarionacional.com

Apresentação da Guia de Transporte Animal (GTA)

A Guia de Transporte Animal (GTA) é um documento oficial e obrigatório que autoriza e acompanha o trânsito de animais no território nacional. Nesse caso, a GTA deve ser apresentada obrigatoriamente na entrada e na saída do Receptivo Equestre.

Atendimento veterinário

O Santuário conta com dois médicos-veterinários credenciados para:

• prestar assistência aos animais;

• emitir a documentação necessária quando aplicável.

Responsabilidades

Durante a permanência no espaço, os responsáveis pelos animais devem:

• cuidar integralmente de seus animais, garantindo alimentação, hidratação, higiene e segurança;

• não deixar os animais sozinhos em nenhum momento;

• não pernoitar no local;

• ao fim do dia, desocupar a área, sem deixar resíduos ou pertences.

Proibições

• Não são permitidos:

• churrascos ou confraternizações;

• uso de som alto;

• fogos de artifício;

• circulação de animais fora da área do Receptivo Equestre.

O Santuário Nacional acredita que toda a criação é um dom de Deus, por isso se preocupa constantemente com as necessidades de todas as criaturas, buscando sempre oferecer acolhimento e cuidado responsáveis.

Ludmila Barbosa
Assessoria de Imprensa do Santuário Nacional

MINISTÉRIO DE COROINHAS E CERIMONIÁRIOS INTEGRA FÉ, FORMAÇÃO E SERVIÇO

No Santuário Nacional de Aparecida, assim como em diversas paróquias e comunidades pelo Brasil, jovens e crianças atuam com alegria e dedicação no serviço do altar. Coroinhas, acólitos e cerimoniários participam das celebrações litúrgicas ao longo do ano, especialmente nas missas solenes, contribuindo para o bom andamento da liturgia e aprofundando sua vivência de fé.

A proximidade com o altar, muitas vezes, desperta vocações religiosas ou desejo de continuar servindo à Igreja de outras formas. O trabalho é realizado com zelo e respeito, uma vez que esses jovens auxiliam diretamente os padres e bispos, que representam Cristo durante as celebrações.

Entre as funções desempenhadas, estão: carregar as tochas e a cruz; organizar os objetos litúrgicos; e, em celebrações mais solenes, manusear o "turíbulo" e a "naveta". Cada tarefa é executada com atenção e preparo, valorizando a beleza e a dignidade da liturgia.

No Santuário Nacional, o ministério é formado por 25 coroinhas, com idades entre 8 e 14 anos, e 37 cerimoniários, entre 14 e 23 anos. Eles atuam em conjunto com um único propósito: servir a Deus e à comunidade.

A formação dos integrantes é parte essencial do serviço. Coroinhas e cerimoniários veteranos participam de encontros mensais, com possibilidade de reuniões extras conforme a necessidade. Já os novos membros passam por dois meses de formação semanal. Ensaios e atividades práticas também são promovidos em datas importantes do calendário litúrgico, como a Semana Santa, a Novena e Festa da Padroeira, o Natal, entre outras.

O acompanhamento do grupo é feito por diretores espirituais, padres ou irmãos designados pelo reitor do Santuário e pela coordenação do ministério, composta de um coordenador e um vice-coordenador. Juntos formam não apenas servidores do altar, mas jovens conscientes de sua missão na Igreja.

Pietra Guimarães
Assessoria de Imprensa do Santuário Nacional

TÁFER
Desde 1983

IN HONOREM PRINCIPIS APOST PAVLVS V BVRGHESIVS ROMANVS PONT MAX AN

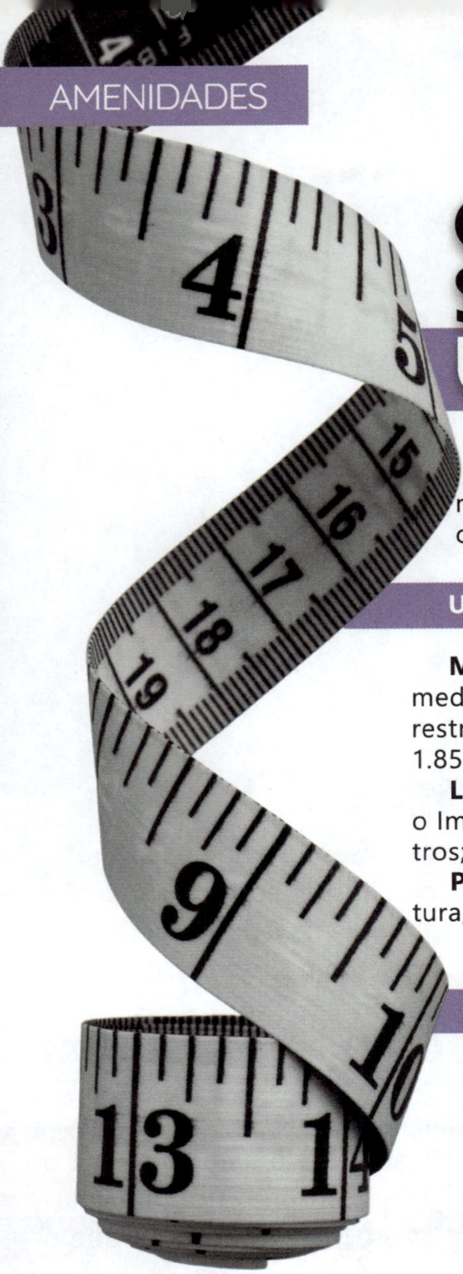

CURIOSIDADES SOBRE ALGUMAS UNIDADES DE MEDIDA

As unidades de medida são convenções, padrões ou definições para representar, calcular, medir e definir dimensões, conteúdos, grandezas etc. Há milênios, a humanidade as utiliza.

Unidades para medir distâncias

Milha – com origem no antigo sistema imperial britânico de medidas, é comum em países de língua inglesa. Uma milha terrestre equivale a 1.609 metros, e uma Milha Marítima equivale a 1.852 metros.

Légua –utilizada em Portugal e no Brasil durante a Colônia e o Império. No Brasil, uma légua equivale geralmente a 6.000 metros; em Portugal, a 5.000 metros.

Pé ou pés – utilizada comumente na aviação para medir a altura, equivale a 30,48 centímetros.

Unidades para medir áreas

Hectare – utilizada no Brasil para medir terras. Um hectare equivale a 10.000 metros quadrados, ou 100 metros de largura por 100 metros de comprimento.

Alqueire – unidade de medida portuguesa, ainda amplamente utilizada para medir terras no Brasil. Alqueire tem variadas dimensões, mas as mais utilizadas e conhecidas são do Alqueire paulista, 24.200 metros ou 110 metros de largura por 220 metros de comprimento, e do Alqueire mineiro, 48.400 metros ou 220 metros de largura por 220 metros de comprimento.

Braça – unidade de medida antiga, ainda em uso em áreas rurais, para medir um dia de trabalho de um trabalhador em uma determinada área. Cada braça equivale a 2,20 metros.

Acre – usado especialmente nos Estados Unidos e em alguns outros países de língua inglesa. Um acre corresponde a 4.042 metros quadrados ou aproximadamente 20,1 metros de largura por 201 metros de comprimento.

Unidades de medidas de peso

Arroba – uma arroba corresponde a aproximadamente 15 quilos.

Quilate – usado para avaliar o grau de pureza de ouro e outros metais preciosos. Um quilate equivale a 0,2 gramas.

Da Redação

A SOLIDÃO DE NOSSO TEMPO

Vivemos um tempo em que a presença constante de ruídos – notificações, vozes aceleradas, imagens fugidias – preenche cada fresta de silêncio com estímulos. Essa aparente conexão esconde um abismo: nunca estivemos tão sós. A solidão de hoje não é apenas ausência do outro, mas ausência de si. Fugimos do vazio, não como quem o enfrenta, mas como quem o evita, ocupando-o com distrações. E, assim, perdemo-nos.

Essa solidão contemporânea é construída na pressa. A velocidade com que atravessamos informações impede a sedimentação do sentido. Escutamos, mas não ouvimos. Vemos, mas não enxergamos. Conversamos, mas não dialogamos. O outro se transforma em espelho de nossas projeções. Não o escutamos, apenas confirmamos nossas certezas. É o colapso da escuta fundante, aquela que sustenta o encontro verdadeiro.

A psicanálise nos ensina que há sintomas que insistem, porque algo em nós permanece não escutado. Repetimos padrões, sustentamos ilusões, agarramo-nos à racionalização como defesa contra a dor de encarar o não sabido. Como disse Lacan (1975), o sintoma não é só problema: é linguagem. Mas poucos hoje se escutam. E, sem escuta, não há travessia.

A solidão, então, é também resultado de uma fuga: fuga da angústia, da diferença, da infância que nos habita. Reprimimos, negamos, projetamos – tudo para não tocar o que em nós clama por presença. Sublimamos até o cansaço. Mas a verdade é que o humano se constrói na contramão do automatismo. Ele emerge quando há pausa, silêncio, afeto.

É preciso coragem para desacelerar, sustentar o vazio e reabilitar o diálogo. Talvez só assim, nessa escuta restaurada de si e do outro, a solidão possa ser transfigurada em solitude – espaço fértil de criação e encontro.

René Dentz

Filósofo e Psicanalista autor do livro Dores Contemporâneas pela Editora Ideias e Letras

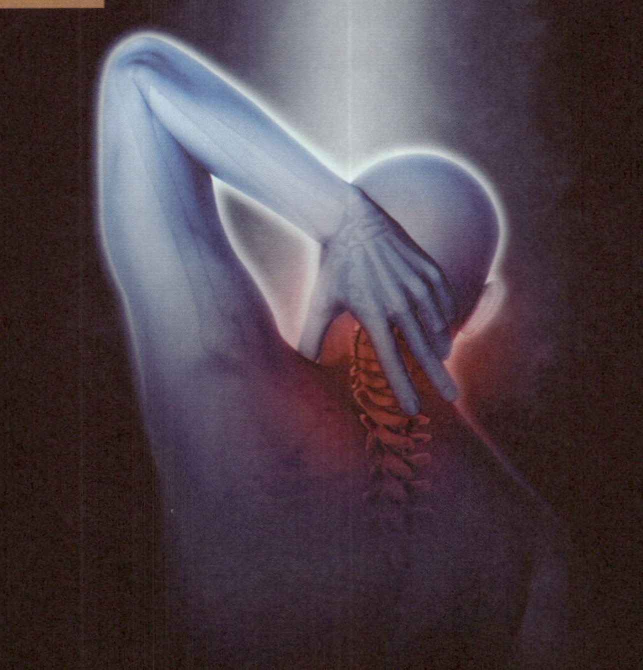

FIBROMIALGIA:
A DOENÇA QUE AFETA MILHÕES DE PESSOAS

Segundo a Sociedade Brasileira de Reumatologia, cerca de seis milhões de pessoas, ou seja, cerca 3% da população brasileira sofre de Fibromialgia, uma doença caracterizada por uma dor crônica, que atinge especialmente as articulações, os tendões e músculos. Essa dor tende a se espalhar por várias partes do corpo.

A dor provocada pela doença pode variar de moderada a intensa, chegando até mesmo a incapacitar a pessoa. Sabe-se que sua origem está no sistema nervoso central, mas até hoje sua causa específica é desconhecida. As mulheres estão entre o grupo de maior incidência da doença, correspondendo a mais 70% dos casos. A idade para sua manifestação varia bastante, podendo ocorrer também em crianças e adolescentes. Os sintomas aparecem de forma leve e vão piorando com o tempo.

O diagnóstico de fibromialgia nem sempre é fácil de ser feito, pois pode ser confundida com outras doenças reumáticas. No entanto, se, após múltiplos tratamentos clínicos com analgésicos e anti-inflamatórios, os sintomas continuarem persistentes, recomenda-se procurar um reumatologista para que ele possa fazer um diagnóstico.

Os principais sintomas são:

- Dor constante e persistente pelo corpo.
- Dor, com sensibilidade ao toque, especialmente nas articulações.
- Formigamento pelo corpo.
- Sensação de amortecimento em mãos e pés.
- Enxaqueca e dores de cabeça persistentes.
- Dores abdominais e síndrome do intestino irritável.
- Dificuldade para dormir um sono que seja reparador.
- Fadiga constante.
- Dificuldade de concentração.
- Distúrbios psicológicos e emocionais.

O tratamento exige cuidados multidisciplinares que envolverá a prescrição do uso de analgésicos e anti-inflamatórios, associados a antidepressivos tricíclicos, atividade física regular e direcionada, acompanhamento psicológico e emocional, massagens e acupuntura etc. Com o tratamento, os sintomas da doença tendem a amenizar, fazendo com que a pessoa tenha uma melhora na qualidade de vida.

Da Redação com Ministério da Saúde

Comece seu dia cheio
de bênçãos!
BÊNÇÃO DA
Manhã
Assista também
pelo Youtube da
TV Aparecida
Acompanhe de segunda a sexta-feira,
às 7h35, na TV APARECIDA.
APARECIDA

Consagração

70 ANOS DO PROGRAMA CONSAGRAÇÃO A NOSSA SENHORA

Em depoimento para o 50º aniversário da Rádio Aparecida, em 2001, Laurindo Rauber, segundo diretor da Rádio Aparecida, entre 1954 e 1956, contou como surgiu a ideia de criar o programa "Consagração a Nossa Senhora Aparecida". "Eu me preocupava em criar algo que difundisse o mais possível a devoção a Nossa Senhora. Era esta a finalidade da Rádio Aparecida. Surgiu-me a ideia de uma 'Consagração diária à Mãe de Deus' e o questionamento: qual o melhor horário para fazer a Consagração pela rádio, de maneira que haja o maior número possível de ouvintes? Para sorte minha, eu havia adquirido preciosos conhecimentos, graças a um curso de rádio que fiz por correspondência. A parte do curso que mais me fascinou foi o capítulo que tratava da 'propagação das ondas eletromagnéticas'. Por meio do curso aprendi que, entre 12h e 16h, a frequência de 31 m da Rádio Aparecida seria mais bem captada. Por isso, por volta de 15h, a Consagração poderia ser ouvida a milhares de quilômetros, sem zonas de silêncio. Resolvi então lançar o programa nesse horário, o melhor e o mais aconselhável dentre as 24 horas."

O então Pe. Laurindo teve uma ideia interessante para despertar os ouvintes: criar o "Livro de Ouro" e anunciá-lo pela Rádio, mais ou menos com estas palavras: "Quem quiser ter seu nome escrito neste livro de ouro, como consagrado a Nossa Senhora, às 15h, pode se inscrever". Não havia nada de campanha financeira.

A partir de então, às terças e quintas-feiras e aos sábados, ele lia os nomes que chegavam de todo o Brasil. O número de inscritos aumentou tanto que, no meio do ano de 1956, deixaram de lado o livro de ouro e pararam de ler os nomes dos inscritos.

Após a transferência de Pe. Laurindo para São Paulo, em 1956, em seu lugar assumiu a direção da Rádio Aparecida o Missionário Redentorista Pe. Rubem Leme Galvão. Ele e Pe. Vítor Coelho de Almeida começaram a fazer juntos a consagração.

No começo de 1957, Pe. Vítor assumiu sozinho a consagração, de segunda a sábado, nos estúdios da rádio. Em 1958, Pe. Vítor passou a fazer a consagração no altar da Basílica Histórica, e a fez durante 31 anos, até seu falecimento, em julho de 1987.

Em 1988, Pe. César Moreira, diretor da Rádio, determinou que a consagração fosse feita de segunda a sábado na Basílica, e também aos domingos no estúdio da Rádio. Assim permanece até hoje.

Como é realizada a Consagração

Ela começa diariamente com uma saudação, uma motivação, uma mensagem rápida. Após, reza-se a "Consagração a Nossa Senhora Aparecida" e dá-se a bênção final. A música de fundo é a mesma, desde o início do programa, em 1955: "Roga por nós, Mãe tão pia", cujo autor não se sabe quem é. Embora haja uma tradição oral que diga que a letra da música foi feita por um padre, não há registros que comprovem isso.

O texto da Consagração

O texto da Consagração, mesmo tendo passado por algumas modificações através dos tempos, é o mesmo ainda hoje. Ele constava no "Manual do Devoto de Nossa Senhora Aparecida", não se sabendo com certeza quem seja seu autor. Segundo Pe. Evaldo César de Souza, Redentorista, em seu livro Consagração a Nossa Senhora Aparecida, Editora Santuário de 2018, teria Pe. Vítor Coelho confidenciado para alguns de seus confrades que o texto da oração da "Consagração" fora composto por seu amigo padre José Afonso Zartmann, (1877 – 1933), Redentorista alemão, que residiu no Brasil, desde 1902.

Consagração a Nossa Senhora ou a Cristo?

Para uma melhor compreensão e retidão do significado da Consagração, precisamos esclarecer que, na verdade, é a Cristo que nos consagramos, como fim último, expressão suprema de entrega. Voltamo-nos a Maria, em uma entrega de consagração, por ser ela o modelo fundamental de entrega a Deus, a Cristo, em sua vontade. Assim suplicamos a fidelidade de Maria a Jesus, a quem fomos consagrados e divinizados, na comunhão dos santos, por nosso Batismo. Escolher Maria, pela consagração, significa colocar-se naquilo para quem ela nos dirige: "Fazei tudo que ele vos disser" (Jo 2,5), pois Ele é o Senhor. Ser conforme Maria, a serva do Senhor, é deixar-se viver na Palavra.

A pedido do Papa Francisco, em 2013, foram realizadas modificações no texto original, para que a oração da Consagração ficasse com um caráter mais doutrinal, cristológico e expressasse melhor o aspecto da cooperação de Maria na obra da salvação.

Pe. Rubens Gomes de Carvalho, C.Ss.R.

DIA DO SERTANEJO:
UMA TRADIÇÃO NASCIDA NA RÁDIO APARECIDA E CELEBRADA HÁ MAIS DE SEIS DÉCADAS

Dia do Sertanejo, comemorado anualmente em 3 de maio, é uma das mais tradicionais homenagens à cultura sertaneja no Brasil. Sua origem está diretamente ligada à Rádio Aparecida, um dos principais veículos de comunicação do país, que há mais de 60 anos mantém viva a devoção, a fé e a identidade do povo sertanejo.

A celebração teve início na década de 1960, graças à iniciativa de grandes nomes da música sertaneja, como Tonico e Tinoco, As Galvão e Geraldo Meireles, conhecido por muitos como o "Marechal da música sertaneja". Com o objetivo de agradecer a Nossa Senhora Aparecida todas as graças e tudo que vinha dando certo na carreira e na vida de cada um deles, foi organizada uma romaria ao Santuário Nacional. Por serem nomes conhecidos da música caipira e sertaneja, enquanto almoçavam em um restaurante em Aparecida/SP, a notícia chegou até a equipe da Rádio Aparecida. Prontamente, Pascoal Blanc, que na época era diretor artístico e locutor na emissora, foi até o restaurante para entender o motivo da visita dessas grandes personalidades à cidade, tendo em vista que o trabalho de todos já era muito executado na rádio Aparecida.

Após ouvir e entender o motivo, Pascoal Blanc deu a ideia de eles irem a Aparecida todos os anos no dia 3 de maio, para manter viva a tradição de agradecer a Nossa Senhora Aparecida. Eles aceitaram prontamente o convite. E, foi exatamente assim, de maneira "informal", que surgiu o Dia do Sertanejo! Nos anos seguintes, a equipe da Rádio Aparecida já estava preparada na porta da Basílica Histórica para fazer um programa de rádio com a participação desses artistas, após a Missa. Com o passar dos anos, a notícia foi se espalhando, e, a cada ano, foram surgindo duplas e artistas vindos dos quatro cantos do país para celebrar essa data. Por isso, no ano de 1964, a Rádio Aparecida passou a organizar, de uma maneira mais profissional e organizada, o tradicional show do "Dia do Sertanejo", uma data que valoriza a cultura popular brasileira, especialmente a música caipira, das tradições do campo, do modo de vida simples e da religiosidade, algo que está diretamente ligado ao povo sertanejo.

Diversos profissionais da rádio Aparecida, ao longo dessas décadas, trabalharam e continuam trabalhando firmemente para manter vivo esse legado que jamais pode acabar, tendo em vista que foi aqui que tudo começou!

Bruno Anaya
Apresentador do programa Acorda Brasil da Rádio Aparecida e produtor do programa Terra da Padroeira da TV Aparecida

TODO COMUNICADOR CATÓLICO PRECISA...

Deus é o Amor, a comunicação perfeita, e cada um de nós é comunicador, capaz de partilhar, de amar. Deus precisa de nós, para levar seu amor, sua presença e sua Palavra para o convívio diário com nossa família, para o trabalho, para os amigos, para a pastoral, para as Redes Sociais.

O Papa Leão XIV pede que sejamos "construtores de pontes" e diz que um dos desafios mais importantes "é sair da confusão de linguagens sem amor... (para) a criação de uma cultura, de ambientes humanos e digitais que se tornem espaços de diálogo..." Nossa missão é promover a paz, por meio do encontro pessoal com Deus.

Para isso, estes pontos são essenciais:

Oração: encontrar-nos pessoalmente com Deus, pela oração diária e pelos sacramentos.

Conhecer a Palavra de Deus: ler e meditar Palavra, estudar a doutrina da Igreja, para entender os ensinamentos de Jesus e a vontade amorosa de Deus.

A caridade: buscar o amor de Deus e levar esse amor ao próximo, por meio da ajuda, da escuta, do cuidado com todos, especialmente dos mais fracos.

Comunhão eclesial: construir pontes que aproximam e unem o grande corpo de Cristo, que é a Igreja.

Testemunho: esforçar para praticar as virtudes cristãs, com humildade e confiança no poder da graça.

O Senhor nos envia, assim como enviou seus apóstolos e discípulos. Podemos ser santos como eles são. Pertencemos à grande família de Deus, com seus erros a acertos, e somos enviados para escutar, aprender, anunciar e conduzir. Deus nos escolheu, ama-nos e confia em nosso esforço diário, para testemunhar, em santidade, a mensagem que levamos.

Maria nos ama e nos educa

Ela nos antecedeu como discípula e missionária de seu Filho Jesus. Na anunciação (Lc 1,26-38), escutou, disse seu sim, e, pela ação do Espírito Santo, a Palavra de Deus se tornou pessoa. Durante toda a vida de Jesus, depois em Pentecostes e na história da Igreja, Maria permaneceu sempre como mediadora de encontros com seu Filho. Como diz o Documento Lumen Gentium, ela "é exemplo daquele afeto maternal de que devem estar animados todos quantos cooperam na missão apostólica que a Igreja tem de regenerar os homens".

Por meio das graças que distribui em seus Santuários, ao nos visitar por meio de uma imagem, Maria é a grande comunicadora que constrói pontes, que nos educa, para vivermos como filhos de Deus. O Documento de Aparecida ensina que os cristãos "encontram a ternura e o amor de Deus no rosto de Maria. Nela veem refletida a mensagem essencial do Evangelho" (265).

Ir. M. Nilza P. da Silva

Pertence ao Instituto Secular Irmãs de Maria de Schoenstatt e é autora do livro: A vocação do comunicador católico, pela Editora Santuário

GOLPES MAIS APLICADOS CONTRA CLIENTES DE BANCOS

A Federação Brasileira dos Bancos (FEBRABAN) divulgou recentemente um levantamento dos golpes mais comuns aplicados contra clientes de bancos associados à instituição. Listamos aqui alguns deles e as formas de evitá-los.

1. Golpe da falsa central de telefônica

Como funciona: o criminoso entra em contato com a vítima via telefone, dizendo ser funcionário do banco. Na ligação, ele diz que a conta ou o cartão da pessoa foram bloqueados por suspeita de fraude ou por suspeita de movimentação estranha. Ele diz que precisa confirmar alguns dados do cliente para regularizar a situação. Assim, solicita dados pessoais e financeiros, pede para confirmar senhas e, com esses dados em mãos, outros golpistas fazem transferências, saques, empréstimos em nome da pessoa.

Como evitar: verificar origem da ligação, nunca passar dados pessoais ou senhas, desligar o telefone e entrar em contato com o banco por meio dos canais oficiais de atendimento ao cliente.

2. Golpe do Falso boleto

Como funciona: golpistas falsificam boletos verdadeiros, com quase todas as informações corretas. O erro está nos dados do beneficiário final do recebimento, em que são inseridos os dados dos golpistas. Assim que a pessoa paga o boleto quem recebe não é empresa descrita, mas quem aplicou o golpe.

Como evitar: sempre que receber um boleto por e-mail, WhatsApp, correio ou qualquer outro meio, confira quem enviou. Verificar sempre no boleto os dados do beneficiário, como CPF, CNPJ, valor e data de vencimento. Se alguma das informações não corresponder, a pessoa deve entrar em contato imediatamente com a empresa que emitiu o boleto para confirmar as informações.

3. Golpe do WhatsApp

Como funciona: o criminoso descobre o telefone, nome e foto da vítima. Com essas informações, cadastra o WhatsApp da vítima em um novo aparelho. Em seguida, entra em contato com os contatos da vítima, passando-se por ela, vendendo coisas, solicitando transferências, pedindo que pague falsos boletos enviados etc.

Como evitar: habilitar, no WhatsApp, a opção de verificação de senhas em duas etapas. Dessa forma, é possível cadastrar uma senha que será solicitada periodicamente pelo app.

Da Redação com FEBRABAN

TECENDO A INFELICIDADE

Estudos desenvolvidos em diversos países mostram que podemos construir a felicidade e o bem-estar em nosso dia a dia, por meio de pensamentos e ações.

E a infelicidade? Muitas pessoas são "especialistas" em tecer infelicidade em seu dia a dia, a partir dos pensamentos, das ideias e ações que cultivam.

Quais os principais elementos dessa "tecelagem da infelicidade?

- Dar mais importância ao que falta do que ao que tem – a pessoa não sente gratidão pelo que recebe e não valoriza o que está a seu dispor. "A grama do vizinho é sempre mais verde" é um ditado popular que aborda a inveja: consumida por essa dor, a pessoa não consegue cultivar seu próprio jardim.
- Pensar somente nas piores hipóteses – a pessoa fica amargurada, imaginando um futuro sombrio para si mesma, para as pessoas queridas e para o próprio mundo; "não tem jeito, isso só vai piorar". Continua gastando energia, pensando o pior, e se afunda, em vez de direcionar suas ações para construir uma vida melhor.
- Acreditar que tudo que está nas redes sociais é verdade – mulheres com corpos perfeitos, pessoas sorridentes, aparência de sucesso absoluto: na comparação, a pessoa se sente menos do que todo mundo, desfavorecida, perdedora, em contraste com as vidas perfeitas que aparecem nas redes sociais.
- Ficar preso a acontecimentos tristes do passado – a pessoa não consegue se libertar da prisão da mágoa, remoendo o que os outros fizeram com ela (abandono, traição, maus-tratos), sem perceber ou valorizar os relacionamentos em que é acolhida e bem tratada.

No entanto todos nós queremos ser felizes! O trabalho de desenvolvimento pessoal, feito com paciência, persistência, fé e esperança, permite construir felicidade e bem-estar. Mudando a maneira de olhar para o que acontece em nosso dia a dia, poderemos mudar nossa maneira de sentir e de agir.

A vida nos apresenta múltiplos desafios: são oportunidades de criar recursos que nos fortalecem e podem nos ajudar a saborear os bons momentos. Ao passar por desilusões, é bom lembrar que podemos escolher o que fazer, a partir do que os outros fazem conosco, e renovar a esperança de construir relacionamentos mais felizes.

E, a cada dia, podemos nos guiar pela pergunta: "O que de melhor podemos fazer por nós mesmos e pelos outros?"

Maria Tereza Maldonado
Psicóloga e autora do livro Construindo a felicidade pela Editora Ideias e Letras

CEFEP
Centro Nacional de Fé e Política
"Dom Helder Camara"

CONHEÇA O CEFEP: CENTRO NACIONAL DE FÉ E POLÍTICA "DOM HELDER CÂMARA"

O Centro Nacional de Fé e Política "Dom Helder Câmara" (CEFEP) é um serviço da Conferência Nacional dos Bispos do Brasil (CNBB), vinculado à Comissão Episcopal Pastoral para o Laicato. Criado em 2005, fomenta o pensamento social cristão à luz da Doutrina Social da Igreja e dos valores evangélicos, formando lideranças comprometidas com a transformação social e política do Brasil.

Nossa Missão

Promover a transformação social, por meio da formação de lideranças e da articulação de grupos de fé e política, na defesa da democracia participativa, da justiça social, do cuidado com a Casa Comum e da prática da economia solidária.

Nossa Visão

Ser referência nacional na formação política e social cristã, fortalecendo a atuação cidadã e democrática em favor de uma sociedade justa, fraterna e solidária.

Nossos Valores

Educação libertadora, Sinodalidade e diálogo, Ecumenismo e respeito à diversidade, Solidariedade e serviço, Espiritualidade encarnada e Ecoespiritualidade.

Atuação do CEFEP

Atuamos na formação política para cristãos, promovendo cursos nacionais e locais para a formação de lideranças políticas e sociais, à luz da Doutrina Social da Igreja e das ciências humanas, articulação das escolas e dos grupos locais de fé e política. Também estimulamos e fortalecemos escolas e grupos locais que integram fé e compromisso sociopolítico, favorecendo o trabalho em rede. Organizamos uma rede nacional de assessores que atuam nos processos de formação e articulação, respeitando a diversidade cultural e social do país.

Organização:

- Presidência: Bispo responsável pela Comissão Episcopal Pastoral para o Laicato da CNBB.
- Secretaria Executiva: responsável pela gestão geral e coordenação pedagógica.
- Coordenação Executiva: representantes das cinco regiões do Brasil (Norte, Nordeste, Centro-Oeste, Sudeste e Sul) e representantes de igrejas evangélicas.
- Grupo de Trabalho de Comunicação.

Divulgação CEFEP
E-mail: cefep@cnbb.org.br
@Cefepcnbb

10 DICAS ÚTEIS PARA MELHORAR A ESCRITA E SER CLARO NO QUE SE QUER INFORMAR

1. Evite empregar um estilo de escrita demasiadamente rebuscado sem necessidade.
2. O emprego de gírias deve ser evitado, mesmo que pareça interessante.
3. Evite repetir a mesma palavra. Isso faz com que o texto se desqualifique.
4. Seja claro e direto no que você quer dizer.
5. Utilize a pontuação corretamente para separar os períodos.
6. Evite frases exageradamente longas, pois estas dificultam a compreensão das ideias nelas contidas.
7. Se for utilizar abreviações, siglas desconhecidas, cite seu significado em seguida.
8. Evite mesóclises e gerundismos.
9. Não use, em seu texto, palavrões ou palavras ofensivas.
10. Cuidado com a ortografia. Se tiver dúvidas sobre alguma palavra, consulte o dicionário a forma de escrever e seu significado.

Da Redação

20 anos da TV Aparecida: uma trajetória de fé, pioneirismo e inovação

Há 20 anos, a TV Aparecida entrou no ar, iniciando sua caminhada com muita fé, amor e dedicação, que a consolidaram como uma das maiores emissoras do país. Neste período, o canal contou diversas histórias, trouxe excelência nas transmissões, se modernizou e construiu uma programação para toda a família.

Compromisso com a inclusão

A TV Aparecida liderou iniciativas importantes no campo da inclusão. Foi a primeira emissora do Brasil a realizar uma transmissão ao vivo com audiodescrição, durante a Missa da Acessibilidade no Santuário Nacional, em 2013. Hoje, além da audiodescrição, também oferece o recurso closed caption. São pelo menos 20 horas de conteúdos com acessibilidade por semana, garantindo a inclusão de pessoas com deficiência auditiva e visual.

Modernização

Com investimentos em tecnologia, a TV Aparecida amplia constantemente seu alcance. Hoje, conta com uma sede na cidade de Aparecida, um estúdio no subsolo do Santuário Nacional e outra unidade em Pindamonhangaba (SP). Há mais de uma década seu conteúdo é 100% em HD, garantindo maior qualidade de som e imagem. Além da TV aberta, está disponível na internet, pelo a12.com/tv e no youtube.com/tvaparecida. E também foi o primeiro canal religioso do catálogo da Samsung TV Plus, disponível nas Smart TVs da marca.

Presente em momentos históricos

A emissora marcou presença em eventos importantes, como as visitas dos Papas Bento XVI (2007) e Francisco (2013) ao Brasil.

XVI (2007) e Francisco (2013) ao Brasil. Também participou da Jornada Mundial da Juventude de Portugal (2023) e da Assembleia Geral do Sínodo em Roma (2023 e 2024). A equipe de jornalismo ainda esteve no Vaticano para a cobertura da despedida de Francisco e do Conclave, que elegeu Papa Leão XIV, em maio de 2025, transmitindo ao vivo o exato momento em que a fumaça branca indicou que a Igreja tinha um novo líder.

Destaque no digital

As redes sociais são mais um ponto importante na TV Aparecida. Em 2025, a emissora celebrou a expressiva marca de 1 milhão de seguidores no Instagram. E há três anos consecutivos é reconhecida no Top 3 do Prêmio iBest, na categoria "Religiões e Crenças", nesse que é considerado o maior prêmio digital do Brasil, o que reforça o grande trabalho da emissora nas mais diferentes plataformas para cumprir sua missão de evangelização.

Lays Guerrero
Marketing TV Aparecida

> Fique por dentro das novidades do canal de Nossa Senhora em a12.com/tv e nas redes sociais em @tvaparecida!

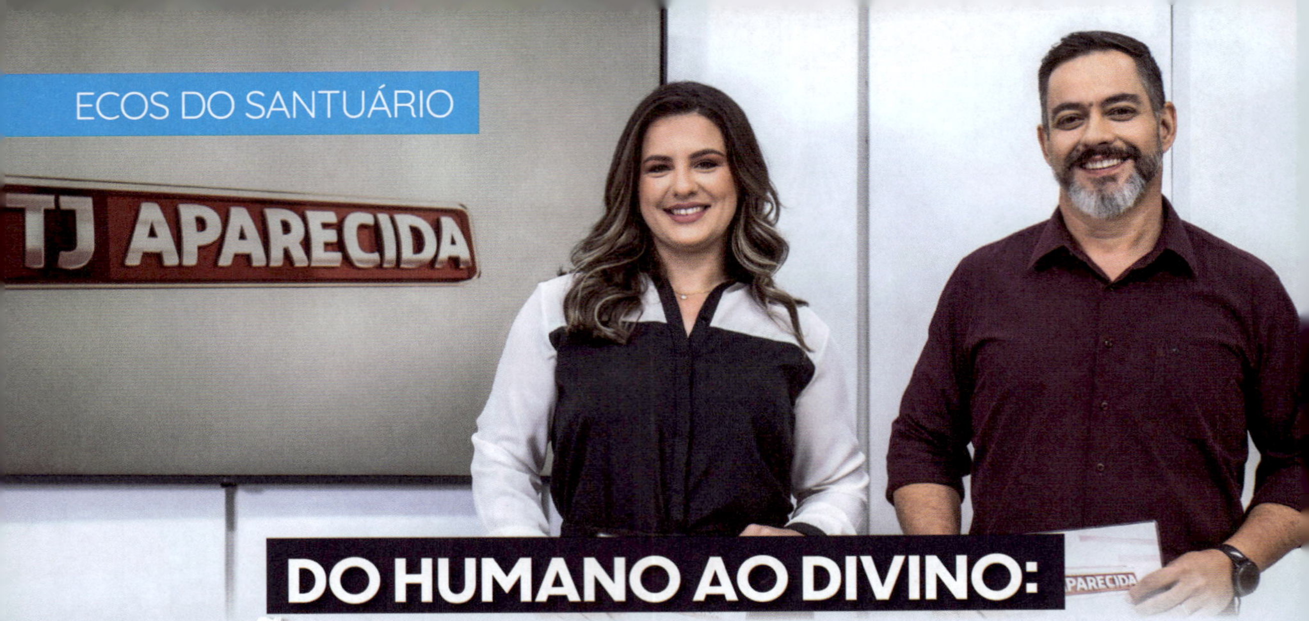

DO HUMANO AO DIVINO: A MISSÃO DO JORNALISMO DA TV APARECIDA

A TV Aparecida iniciou suas atividades há duas décadas, quando a produção jornalística se concentrava em uma pequena sala de aproximadamente 15 metros quadrados, reunindo toda a equipe responsável por três programas e um boletim informativo. Após 20 anos de crescimento, a emissora expandiu significativamente sua programação e consolidou-se no cenário da comunicação cidadã, seguindo os passos de sua precursora, a Rádio Aparecida.

O primeiro diretor-geral da TV, Pe. César Moreira, que também dirigia o departamento de jornalismo, seguia um princípio fundamental: "o humano deve se tornar o caminho para o divino". Essa filosofia orienta a compreensão de que, para uma vivência religiosa plena, é necessário que outras dimensões da vida humana – economia, saúde, política – estejam equilibradas. Essa perspectiva foi mantida ao longo dos anos, garantindo espaço não apenas para conteúdo religioso, mas também para entretenimento, educação, gastronomia, turismo e jornalismo.

Departamento de Jornalismo da TV Aparecida

O departamento de jornalismo da emissora, comandado pelo jornalista Eduardo Miranda, sob a direção de Pe. Mauro Vilela, Diretor de Produção da TV Aparecida, desenvolve diversos produtos informativos. Além do "TJ Aparecida", o setor é responsável pelos programas "Arquivo A", "Aparecida Interessa ao Brasil", "Desafios da Igreja" e "Aparecida Debate", ampliando o leque de conteúdos jornalísticos oferecidos pela emissora.

Recentemente, o telejornal da casa ganhou mudanças, inclusive de horário: passou para 16h45, com 1h de duração. O novo "TJ Aparecida" reflete sobre uma estratégia editorial específica. Conforme explica Pe. Mauro Vilela, a alteração visa oferecer uma alternativa aos produtos sensacionalistas ou policiais que dominam o cenário televisivo. O objetivo é apresentar o jornalismo como portador de "Boa-Nova", sem que isso signifique omitir questões importantes ou problemáticas.

O telejornal adota uma abordagem aprofundada dos temas, indo além da simples divulgação de notícias. A proposta inclui análises detalhadas, esclarecimento de dúvidas e interação com o público. Essa metodologia permite equilibrar a cobertura de assuntos complexos – como a epidemia de crack na capital paulista – com conteúdos culturais e educativos.

Expansão e Interação

O "TJ Aparecida" busca ampliar o diálogo com o Brasil por meio de diferentes estratégias. A emissora passará a contar com uma correspondente em Brasília e desenvolverá novos projetos para intensificar a conexão com o país. O programa reconhece a diversidade cultural, linguística e social do território brasileiro, buscando representar essa pluralidade em sua programação.

A interação com o público ocorre por meio das redes sociais, especialmente no Instagram (@tjaparecidaoficial), em que são realizadas enquetes e mantido diálogo constante com os telespectadores. Essa ferramenta digital complementa a proposta de proximidade e participação que caracteriza a nova fase do telejornal.

Luiz Novaes
TV Aparecida

PALAVRAS QUE REZAM: A FORÇA DA FÉ NA NOSSA LÍNGUA

Quando rezamos ou participamos de uma celebração, pronunciamos palavras tão familiares que, muitas vezes, não nos detemos em seu significado mais profundo. No entanto cada termo carrega séculos de história e revela como a fé também se preserva e se transmite pela linguagem.

"Amém", por exemplo, vem do hebraico āmēn, que significa "assim seja" ou "é verdade". Não é apenas um fim formal para a oração, mas uma declaração de confiança em Deus, um "eu creio" que sela o que acabamos de dizer.

Já "Aleluia" tem origem em halleluyah, também do hebraico, e quer dizer "louvai ao Senhor". É um convite à alegria e ao louvor, tão forte que a liturgia o silencia durante a Quaresma, para fazê-lo ecoar com mais força na Páscoa.

A palavra "Misericórdia" vem do latim misericordia: miser ("pobre, necessitado") + cor ("coração"). É, portanto, ter o coração voltado para quem sofre. E não é isso que pedimos tantas vezes a Deus?

"Liturgia", do grego leitourgía, significava "serviço público". No contexto cristão, passou a designar o serviço prestado a Deus e ao povo por meio das orações, dos ritos e sacramentos.

E "Graça", do latim gratia, queria dizer "favor, benevolência". No cristianismo, tornou-se o dom gratuito de Deus, impossível de ser comprado ou merecido por esforço humano.

Conhecer a origem e o sentido dessas palavras é mais do que curiosidade: é redescobrir o peso e a beleza do que professamos. A cada "Amém" que dizemos, reafirmamos nossa confiança. A cada "Aleluia", proclamamos nossa alegria. Ao pedir "Misericórdia", reconhecemos nossa fragilidade e a infinita bondade de Deus.

A língua é viva, mas também é memória. Quando guardamos e compreendemos essas palavras, mantemos viva uma herança que une culturas, atravessa séculos e, sobretudo, fortalece a fé.

Sofia Machado
Professora de Língua Portuguesa
@redacionando

CAS: CUIDAR DA VIDA, FORTALECER VÍNCULOS E TRANSFORMAR HISTÓRIAS

A Província Redentorista de Nossa Senhora Aparecida desenvolve um amplo trabalho social por meio de seus 13 Centros de Assistência Social, o CAS, que são espaços de acolhida, formação e promoção humana.

Presentes em diferentes cidades, atuam junto a crianças, adolescentes, jovens, adultos e idosos em situação de vulnerabilidade social, oferecendo atividades socioeducativas, psicossociais, culturais e de fortalecimento de vínculos familiares e comunitários.

Sua missão é inspirada no carisma Redentorista de levar esperança e dignidade, atendendo não apenas as necessidades materiais, mas também as dimensões emocionais e espirituais de cada pessoa. Oferecendo atendimento de acordo com a realidade local, os CAS se tornam verdadeiros pontos de referência em suas comunidades, colaborando para a construção de uma sociedade mais justa, fraterna e solidária.

Com o nascimento da Província Nossa Senhora Aparecida, em 9 de novembro de 2023, quatro obras sociais de Minas Gerais e Espírito Santo foram incorporadas ao projeto CAS de São Paulo, que passou a contar com 13 unidades. Desde então, compartilham o mesmo compromisso: cuidar da vida, fortalecer vínculos e transformar histórias.

CAS Redentorista – Coronel Fabriciano (MG)

O Centro de Assistência Social Redentorista atende usuários do programa Semear (de 6 a 15 anos) e Vida Ativa (60 anos em diante), oferecendo serviços com grupos psicossociais e reuniões socioeducativas, além de oficinas dos Saberes e Inclusão Digital.

A unidade está localizada na rua Manoel Joaquim Pires, 63, Centro, cep: 35170-082.

CAS São Geraldo Majela – Curvelo (MG)

O Centro de Assistência Social São Geraldo Majela presta atendimento ao programa Semear (de 6 a 15 anos), por meio de grupos psicossociais e reuniões socioeducativas, além de oferecer oficinas dos Saberes, Atividade Física e Inclusão Digital.

A unidade está localizada na rua Wilza Patrícia Martins, 271, Jockey Clube, cep: 35.792-345

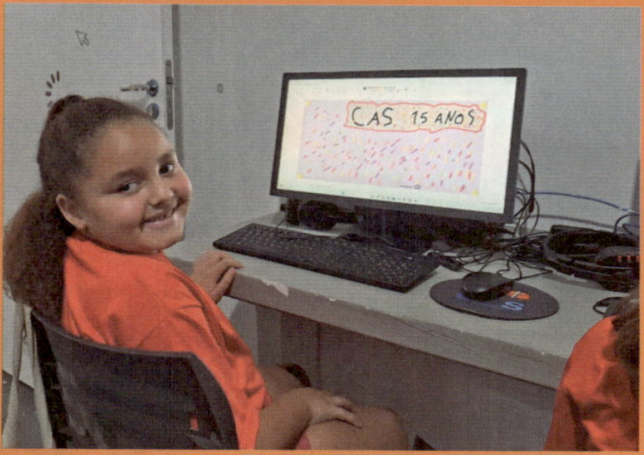

CAS Padre Nilton Fagundes Hauck, de Juiz de Fora (MG)

O Centro de Assistência Social Padre Nilton Fagundes Hauck acolhe os usuários do programa Semear (de 6 a 15 anos) promovendo grupos psicossociais e reuniões socioeducativas, além de oferecer oficinas dos Saberes, Artes, Inclusão Digital e Dança.

A unidade está localizada na rua Sérgio Barbosa, 23, Retiro, cep. 36.072-580

CAS Nova Geração, de Cariacica (ES)

O Centro de Assistência Social Nova Geração recebe os usuários do programa Semear (de 6 a 15 anos) com grupos psicossociais e reuniões socioeducativas, além de oferecer oficinas dos Saberes, Artes, Inclusão Digital, Dança, Teatro, Apoio Pedagógico e Atividade Física.

A unidade está localizada na Rua 97, 166, Nova Rosa da Penha II, cep: 29.157-325.

Camila Abreu
Comunicação do CAS

DEVOTOS PODEM REALIZAR O SONHO DE SE CASAR NO SANTUÁRIO NACIONAL

O Santuário Nacional de Aparecida promove diversas iniciativas voltadas à vivência da fé, entre elas, a celebração do sacramento do matrimônio. A cerimônia, que une duas pessoas no amor e diante de Deus, é realizada ao longo do ano para fiéis de várias partes do Brasil e do exterior, que escolhem a "Casa da Mãe Aparecida" para concretizar esse momento especial.

O Santuário realiza dois tipos de cerimônia: Casamento e Legitimação Matrimonial. Ambas seguem o rito matrimonial e são realizadas pelos Missionários Redentoristas. As celebrações de casamento podem ocorrer na Capela São José, localizada à direita do altar central, e também na Basílica Histórica.

Capela São José (Santuário Nacional):

- Celebrações de casamento: às segundas, terças, quintas e sextas-feiras, às 17h15 e às 19h30;
- Celebrações de legitimação matrimonial: às quartas-feiras e também nos demais dias citados, às 15h15.

Basílica Histórica:

- De segunda a quinta-feira acontecem casamentos e legitimações matrimoniais às 16h e às 19h30;
- Às sextas-feiras, às 16h e às 20h.

Devido ao grande fluxo de devotos, o Santuário Nacional não realiza casamentos aos sábados, domingos, feriados e em emendas de feriados. Também não há celebrações em datas litúrgicas específicas, como a Semana Santa, a novena de Pentecostes, a Novena de Nossa Senhora Aparecida e o Natal, nem em ocasiões de grandes romarias, como a Romaria Nacional do Terço dos Homens, a Romaria do Terço das Mulheres, a Assembleia Geral dos Bispos do Brasil e nas vésperas da Romaria do Rio de Janeiro.

Agendamento e documentação

Para agendar a celebração é necessário que um dos noivos envie um e-mail para: agendamento.pastoral@santuarionacional.com com as seguintes informações:

- Nome completo do casal;
- Local e horário desejados;
- Endereço completo;
- Telefone para contato;
- Três datas no ano vigente em que pretendem se casar, para verificação de disponibilidade.

Antes de tudo, os noivos devem procurar a paróquia onde residem para dar início ao processo, apresentando os seguintes documentos:

- Certidão de batismo para fins matrimoniais;
- Lembrança da Primeira Comunhão;
- Certificado da Crisma;
- RG e CPF;
- Comprovante de endereço;
- Certificado da catequese de noivos;
- Habilitação ou certidão do casamento civil;
- Dados pessoais e nome de duas testemunhas, que assinarão a ata no dia da celebração.

Após a aprovação, serão realizados os proclamas e a entrevista matrimonial. Finalizada essa etapa, é necessário encaminhar a transferência para a Pastoral do Santuário com pelo menos um mês de antecedência da data marcada, para conferência.

O Santuário Nacional acolhe os noivos que, sob o olhar materno de Nossa Senhora, iniciam sua jornada matrimonial no Altar de Aparecida. No site a12.com/casamento outras informações podem ser conferidas.

Carla Moura

CALENDÁRIO AGRÍCOLA

Confira neste Calendário as sugestões agrícolas para plantio, cuidados e colheita

JANEIRO

Plantio	Cuidados	Colheita
Segunda semeadura de batata-doce, batata-inglesa e ervilha. No litoral, plantam-se batata-doce, feijão e cana-de-açúcar.	Limpar e arar os campos de trigo recém-colhido. Terminam as capinas.	Termina a colheita do trigo, centeio e batatinhas. Colhem-se algodão, fumo, uva e cebola.

FEVEREIRO

Plantio	Cuidados	Colheita
Amendoim, feijão, batatinha, banana e milho.	Derrubada e limpeza dos pastos. Prepara-se o solo para plantio de trigo.	Feijão, ervilha, arroz, tomate, batata-inglesa e pimenta.

MARÇO

Plantio	Cuidados	Colheita
Mandioca, alho, cebola, trigo, centeio, aveia, tomate e feijão de cor.	Preparo do solo para plantio de cereais. Fazer adubação orgânica e química.	Arroz, milho, mandioca, fumo e feijão.

ABRIL

Plantio	Cuidados	Colheita
Milho, cebola, mandioca e legumes.	Terminar o preparo das terras para o plantio de inverno.	Aipim, feijão, mandioca, arroz, batata-inglesa, milho e amendoim.

MAIO

Plantio	Cuidados	Colheita
Oliveira, abacaxi, alho e erva-mate.	Limpeza de vinhedos e cafezais. Poda-se a erva-mate.	Feijão, mandioca, café, aveia, batata, banana e vime.

JUNHO

Plantio	Cuidados	Colheita
Semear e plantar cereais para forragem verde.	Chegar terra às plantas de mandioca. Preparação do solo com adubagem para a primavera.	Fumo, chá, algodão, banana, cana-de-açúcar.

JULHO

Plantio	Cuidados	Colheita
Batata-doce, centeio, trigo, cevada e tomate.	Boa época para transplantes e enxertos. Adubar árvores e parreiras. Combater as pragas.	Milho, mate, araruta, café, batatinha e tomate.

AGOSTO

Plantio	Cuidados	Colheita
Batatinha, mandioca, batata-doce e verduras, milho, arroz e feijão.	Limpar as roças de batata-doce e aipim. Fazer enxertos. Limpar os pastos.	Terminaram as colheitas de chá, fumo e trigo.

SETEMBRO

Plantio	Cuidados	Colheita
Feijão, milho, lentilha, araruta, café e flores.	Preparar as terras para plantio imediato, utilizando matéria orgânica e adubos químicos.	Alho, cana-de-açúcar, tomate e moranga.

OUTUBRO

Plantio	Cuidados	Colheita
Milho, algodão, amendoim, chá-da-índia.	Transplante do café e chega-se terra ao milho. Limpar roças e combater as pragas.	Batatinha, alho, melancia, cana-de-açúcar e cebolas.

NOVEMBRO

Plantio	Cuidados	Colheita
Chá, soja e terminam os plantios do algodão e mandioca.	Arar para plantio de forragens. Limpar o café, milho e cana.	Abacaxi, batatinhas, aveia e tomate.

DEZEMBRO

Plantio	Cuidados	Colheita
Batata, abacaxi, café, feijão, chá e banana.	Mês bom para as capinas, combate às ervas daninhas e pragas de lavoura.	Café, cana, feijão, mandioca, aveia, batatinha, cevada, melancia e tomates.

ANO LITÚRGICO A, SÃO MATEUS

Grande tesouro é a sagrada liturgia da Igreja. Em cada celebração, temos a oportunidade de viver um encontro profundo e transformador com o Senhor. Na liturgia, Deus vem encontrar-se com seu povo, para alimentá-lo e fortalecê-lo. O povo, por sua vez, responde a Deus com cânticos e orações. A liturgia visa celebrar, isto é, tornar célebre, honrar e exaltar a Santíssima Trindade, bem como celebrar os santos sacramentos.

Nela, a Igreja celebra principalmente o mistério Pascal pelo qual Cristo realizou a obra de nossa salvação (cf. CIC §1067). É o mistério central da vida de Cristo, sua Paixão, Morte e Ressurreição para nos salvar.

Quando ela faz memória desses mistérios, torna-os presentes, traz para o momento atual esses acontecimentos da salvação e renova nossa redenção, indicando-nos ainda o futuro: a construção do Reino de Deus. "No divino sacrifício da Eucaristia, exerce-se a obra de nossa redenção, contribui do modo mais excelente para que os fiéis, em sua vida, exprimam e manifestem aos outros o mistério de Cristo e a genuína natureza da verdadeira Igreja" (SC 2). Pela Liturgia, Cristo, nosso redentor e sumo sacerdote, continua em sua Igreja, com ela e por ela, a obra de nossa redenção (cf. CIC §1069). Por meio dela, exerce seu múnus sacerdotal, em que é realizada a santificação do homem e o culto público integral pelo Corpo Místico de Cristo, cabeça e membros.

Por isso afirmou o Vaticano II que "toda a celebração litúrgica, como obra de Cristo sacerdote e de seu corpo, que é a Igreja, é ação sagrada por excelência, cuja eficácia, no mesmo título e grau, não é igualada por nenhuma outra ação da Igreja" (SC 7), (CIC §1070).

As celebrações que acontecem ao longo do Ano Litúrgico nos ajudam a compreender e a viver em plenitude o mistério de Cristo, atualizado pelos sacramentos. O mistério que celebramos na liturgia é o dom da vida, que Deus quis manifestar e comunicar aos homens em seu Filho, morto e ressuscitado, com a efusão do Espírito Santo.

O Ano Litúrgico A, que iniciamos em dezembro de 2025, traz como destaque o evangelista Mateus, também chamado Levi (Mc 2,14 e Lc 5,27), coletor de impostos em Cafarnaum, que respondeu ao chamado do Mestre para pertencer ao grupo dos discípulos. O Evangelho de Mateus apresenta Jesus como o Emanuel, Deus está conosco, aquele que os profetas anunciaram e que cumpre todas as promessas do Antigo Testamento. Cristo veio ensinar como viver a vontade de Deus e buscar o reino de Deus e sua justiça.

Editora Santuário

JANEIRO

1 STA. MARIA, MÃE DE DEUS, SOLENIDADE
Cor Branca
Nm 6,22-27/ Sl 66/ Gl 4,4-7/ Lc 2,16-21

2 SS. BASÍLIO MAGNO E GREGÓRIO DE NAZIANZO, BBDDRS., MEM.
Cor Branca
1Jo 2,22-28/ Sl 97/ Jo 1,19-28

3 SÁBADO ANTES DA EPIFANIA
Cor Branca
1Jo 2,29-3,6/ Sl 97/ Jo 1,29-34

4 EPIFANIA DO SENHOR, SOLENIDADE
Cor Branca
Is 60,1-6/ Sl 71/ Ef 3,2-3a.5-6/ Mt 2,1-12

5 SEGUNDA-FEIRA DEPOIS DA EPIFANIA
Cor Branca
1Jo 3,22-4,6/ Sl 2/ Mt 4,12-17.23-25

6 TERÇA-FEIRA DEPOIS DA EPIFANIA
Cor Branca
1Jo 4,7-10/ Sl 71/ Mc 6,34-44

7 QUARTA-FEIRA DEPOIS DA EPIFANIA
Cor Branca
1Jo 4,11-18/ Sl 71/ Mc 6,45-52

8 QUINTA-FEIRA DEPOIS DA EPIFANIA
Cor Branca
1Jo 4,19-5,4/ Sl 71/ Lc 4,14-22a

9 SEXTA-FEIRA DEPOIS DA EPIFANIA
Cor Branca
1Jo 5,5-13/ Sl 147/ Lc 5,12-16

10 SÁBADO DEPOIS DA EPIFANIA
Cor Branca
1Jo 5,14-21/ Sl 149/ Jo 3,22-30

11 BATISMO DO SENHOR, FESTA
Cor Branca
Is 42,1-4.6-7/ Sl 28/ At 10,34-38/ Mt 3,13-17

12 1ª SEMANA DO TEMPO COMUM
Cor Verde
1Sm 1,1-8/ Sl 115/ Mc 1,14-20

13 1ª SEMANA DO TEMPO COMUM
Cor Verde
1Sm 1,9-20/ Ct.:1Sm 2/ Mc 1,21b-28

14 1ª SEMANA DO TEMPO COMUM
Cor Verde
1Sm 3,1-10.19-20/ Sl 39/ Mc 1,29-39

15 1ª SEMANA DO TEMPO COMUM
Cor Verde
1Sm 4,1-11/ Sl 43/ Mc 1,40-45

16 1ª SEMANA DO TEMPO COMUM
Cor Verde
1Sm 8,4-7.10-22a/ Sl 88/ Mc 2,1-12

17 STO. ANTÃO, AB., MEM.
Cor Branca
1Sm 9,1-4.17-19;10,1a/ Sl 20/ Mc 2,13-17

18 2º DOMINGO DO TEMPO COMUM
Cor Verde
Is 49,3.5-6/ Sl 39/ 1Cor 1,1-3/ Jo 1,29-34

19 2ª SEMANA DO TEMPO COMUM
Cor Verde
1Sm 15,16-23/ Sl 49/ Mc 2,18-22

20 2ª SEMANA DO TEMPO COMUM
Cor Verde
S. Sebastião, Mt., MFac.
1Sm 16,1-13/ Sl 88/ Mc 2,23-28

21 STA. INÊS, VGMT., MEM.
Cor Vermelha
1Sm 17,32-33.37.40-51/ Sl 143/ Mc 3,1-6

22 2ª SEMANA DO TEMPO COMUM
Cor Verde
S. Vicente, DiácMt., MFac.
1Sm 18,6-9;19,1-7/ Sl 55/ Mc 3,7-12

23 2ª SEMANA DO TEMPO COMUM
Cor Verde
1Sm 24,3-21/ Sl 56/ Mc 3,13-19

24 S. FRANCISCO DE SALES, BDR.; MEM.
Cor Branca
2Sm 1,1-4.11-12.19.23-27/ Sl 79/ Mc 3,20-21

25 3º DOMINGO DO TEMPO COMUM
Cor Verde
Domingo da Palavra de Deus
Is 8,23b-9,3/ Sl 26/ 1Cor 1,10-13.17/ Mt 4,12-23

26 S. TITO E S. TIMÓTEO, BB., MEM.
Cor Branca
2Tm 1,1-8 ou Tt 1,1-5/ Sl 95/ Lc 10,1-9

27 3ª SEMANA DO TEMPO COMUM
Cor Verde
Sta. Ângela de Merici, Vg., MFac.
2Sm 6,12b-15.17-19/ Sl 23/ Mc 3,31-35

28 S. TOMÁS DE AQUINO, PRESBDR., MEM.
Cor Branca
2Sm 7,4-17/ Sl 88/ Mc 4,1-20

29 3ª SEMANA DO TEMPO COMUM
Cor Verde
2Sm 7,18-19.24-29/ Sl 131/ Mc 4,21-25

30 3ª SEMANA DO TEMPO COMUM
Cor Verde
2Sm 11,1-4a.5-10a.13-17/ Sl 50/ Mc 4,26-34

31 S. JOÃO BOSCO, PRESB., MEM.
Cor Branca
2Sm 12,1-7a.10-17/ Sl 50/ Mc 4,35-41

FEVEREIRO

1 **4º DOMINGO DO TEMPO COMUM**
Cor Verde
Sf 2,3;3,12-13/ Sl 145/ 1Cor 1,26-31/ Mt 5,1-12a

2 **APRESENTAÇÃO DO SENHOR, FESTA**
Cor Branca
Ml 3,1-4/ Hb 2,14-18/ Sl 23/ Lc 2,22-40

3 **4ª SEMANA DO TEMPO COMUM**
Cor Verde
S. Brás, BMt., MFac.
2Sm 18,9-10.14b.24-25a.30-19,3/ Sl 85/ Mc 5,21-43

4 **4ª SEMANA DO TEMPO COMUM**
Cor Verde
2Sm 24,2.9-17/ Sl 31/ Mc 6,1-6

5 **STA. ÁGUEDA, VGMT., MEM.**
Cor Vermelha
1Rs 2,1-4.10-12/
Ct.: 1Cr 29,10.11ab.11d-12a.12bcd;/ Mc 6,7-13

6 **S. PAULO MIKI E COMPS. MTS., MEM.**
Cor Vermelha
Eclo 47,2-13/ Sl 17/ Mc 6,14-29

7 **4ª SEMANA DO TEMPO COMUM**
Cor Verde
1Rs 3,4-13/ Sl 118/ Mc 6,30-34

8 **5º DOMINGO DO TEMPO COMUM**
Cor Verde
Is 58,7-10/ Sl 111/ 1Cor 2,1-5/ Mt 5,13-16

9 **5ª SEMANA DO TEMPO COMUM**
Cor Verde
1Rs 8,1-7.9-13/ Sl 131/ Mc 6,53-56

10 **STA. ESCOLÁSTICA, VG., MEM.**
Cor Branca
1Rs 8,22-23.27-30/ Sl 83/ Mc 7,1-13

11 **5ª SEMANA DO TEMPO COMUM**
Cor Verde
N. Senhora de Lourdes, MFac.
1Rs 10,1-10/ Sl 36/ Mc 7,14-23

12 **5ª SEMANA DO TEMPO COMUM**
Cor Verde
1Rs 11,4-13/ Sl 105/ Mc 7,24-30

13 **5ª SEMANA DO TEMPO COMUM**
Cor Verde
1Rs 11,29-32;12,19/ Sl 80/ Mc 7,31-37

14 **S. CIRILO, MONGE, E S. METÓDIO, BISPO, MEM.**
Cor Branca
1Rs 12,26-32;13,33-34/ Sl 105/ Mc 8,1-10

15 **6º DOMINGO DO TEMPO COMUM**
Cor Verde
Eclo 15,16-21/ Sl 118/ 1Cor 2,6-10/ Mt 5,17-37

16 **6ª SEMANA DO TEMPO COMUM**
Cor Verde
Tg 1,1-11/ Sl 118/ Mc 8,11-13

17 **6ª SEMANA DO TEMPO COMUM**
Cor Verde
Sete Stos. Fundadores dos Servitas, MFac.
Tg 1,12-18/ Sl 93/ Mc 8,14-21

18 **QUARTA-FEIRA DE CINZAS**
Cor Roxa
Jl 2,12-18/ Sl 50/ 2Cor 5,20-6,2/ Mt 6,1-6.16-18

19 **QUINTA-FEIRA DEPOIS DAS CINZAS**
Cor Roxa
Dt 30,15-20/ Sl 1/ Lc 9,22-25

20 **SEXTA-FEIRA DEPOIS DAS CINZAS**
Cor Roxa
Is 58,1-9a / Sl 50/ Mt 9,14-15

21 **SÁBADO DEPOIS DAS CINZAS**
Cor Roxa
Is 58,9b-14/ Sl 85/ Lc 5,27-32

22 **1º DOMINGO DA QUARESMA**
Cor Roxa
Gn 2,7-9;3,1-7/ Sl 50/ Rm 5,12-19/ Mt 4,1-11

23 **1ª SEMANA DA QUARESMA**
Cor Roxa
Lv 19,1-2.11-18/ Sl 18/ Mt 25,31-46

24 **1ª SEMANA DA QUARESMA**
Cor Roxa
Is 55,10-11/ Sl 33/ Mt 6,7-15

25 **1ª SEMANA DA QUARESMA**
Cor Roxa
Jn 3,1-10/ Sl 50/ Lc 11,29-32

26 **1ª SEMANA DA QUARESMA**
Cor Roxa
Est 4,17n.p-r.aa-bb.gg-hh/ Sl 137/ Mt 7,7-12

27 **1ª SEMANA DA QUARESMA**
Cor Roxa
Ez 18,21-28/ Sl 129/ Mt 5,20-26

28 **1ª SEMANA DA QUARESMA**
Cor Roxa
Dt 26,16-19/ Sl 118/ Mt 5,43-48

MARÇO

1 **2º DOMINGO DA QUARESMA**
Cor Roxa
Gn 12,1-4a/ Sl 32/ 2Tm 1,8b-10/ Mt 17,1-9

2 **2ª SEMANA DA QUARESMA**
Cor Roxa
Dn 9,4b-10/ Sl 78/ Lc 6,36-38

3 **2ª SEMANA DA QUARESMA**
Cor Roxa
Is 1,10.16-20/ Sl 49/ Mt 23,1-12

4 **2ª SEMANA DA QUARESMA**
Cor Roxa
Jr 18,18-20/ Sl 30/ Mt 20,17-28

5 **2ª SEMANA DA QUARESMA**
Cor Roxa
Jr 17,5-10/ Sl 1/ Lc 16,19-31

6 **2ª SEMANA DA QUARESMA**
Cor Roxa
Gn 37,3-4.12-13a.17b-28/ Sl 104/ Mt 21,33-43.45-46

7 **2ª SEMANA DA QUARESMA**
Cor Roxa
Stas. Perpétua e Felicidade, MFac.
Mq 7,14-15.18-20/ Sl 102/ Lc 15,1-3.11-32

8 **3º DOMINGO DA QUARESMA**
Cor Roxa
Ex 17,3-7/ Sl 94/ Rm 5,1-2.5-8 Jo 4,5-42/

9 **3ª SEMANA DA QUARESMA**
Cor Roxa
2Rs 5,1-15a/ Sl 41/ Lc 4,24-30

10 **3ª SEMANA DA QUARESMA**
Cor Roxa
Dn 3,25.34-43/ Sl 24/ Mt 18,21-35

11 **3ª SEMANA DA QUARESMA**
Cor Roxa
Dt 4,1.5-9/ Sl 147/ Mt 5,17-19

12 **3ª SEMANA DA QUARESMA**
Cor Roxa
Jr 7,23-28/ Sl 94/ Lc 11,14-23

13 **3ª SEMANA DA QUARESMA**
Cor Roxa
Os 14,2-10/ Sl 80/ Mc 12,28b-34

14 **3ª SEMANA DA QUARESMA**
Cor Roxa
Os 6,1-6/ Sl 50/ Lc 18,9-14

15 **4º DOMINGO DA QUARESMA**
Cor Roxa ou Rósea
1Sm 16,1b.6-7.10-13a/ Sl 22/ Ef 5,8-14/ Jo 9,1-41

16 **4ª SEMANA DA QUARESMA**
Cor Roxa
Is 65,17-21/ Sl 29/ Jo 4,43-54

17 **4ª SEMANA DA QUARESMA**
Cor Roxa
Ez 47,1-9.12/ Sl 45/ Jo 5,1-16

18 **4ª SEMANA DA QUARESMA**
Cor Roxa
Is 49,8-15/ Sl 144/ Jo 5,17-30

19 **S. JOSÉ, ESPOSO DA VIRGEM MARIA, SOLENIDADE**
Cor Branca
2Sm 7,4-5a.12-14a.16/ Sl 88/ Rm 4,13.16-18.22/ Mt 1,16.18-21.24a ou Lc 2,41-51

20 **4ª SEMANA DA QUARESMA**
Cor Roxa
Sb 2,1a.12-22/ Sl 33/ Jo 7,1-2.10.25-30

21 **4ª SEMANA DA QUARESMA**
Cor Roxa
Jr 11,18-20/ Sl 7/ Jo 7,40-53

22 **5º DOMINGO DA QUARESMA**
Cor Roxa
Ez 37,12-14/ Sl 129/ Rm 8,8-11/ Jo 11,1-45

23 **5ª SEMANA DA QUARESMA**
Cor Roxa
Dn 13,1-9.15-17.19-30.33-62/ Sl 22/ Jo 8,1-11

24 **5ª SEMANA DA QUARESMA**
Cor Roxa
Nm 21,4-9/ Sl 101/ Jo 8,21-30

25 **ANUNCIAÇÃO DO SENHOR, SOLENIDADE.**
Cor Branca
Is 7,10-14;8,10/ Sl 39/ Hb 10,4-10/ Lc 1,26-38

26 **5ª SEMANA DA QUARESMA**
Cor Roxa
Gn 17,3-9/Sl 104/ Jo 8,51-59

27 **5ª SEMANA DA QUARESMA**
Cor Roxa
Jr 20,10-13/Sl 17/ Jo 10,31-42

28 **5ª SEMANA DA QUARESMA**
Cor Roxa
Ez 37,21-28/ Ct.: Jr 31/ Jo 11,45-56

29 **DOMINGO DE RAMOS**
Cor Vermelha
Is 50,4-7/ Sl 21/ Fl 2,6-11/ Mt 26,14-27,66

30 **SEGUNDA-FEIRA DA SEMANA SANTA**
Cor Roxa
Is 42,1-7/ Sl 26/ Jo 12,1-11

31 **TERÇA-FEIRA DA SEMANA SANTA**
Cor Roxa
Is 49,1-6/ Sl 70/ Jo 13,21-33.36-38

1 **QUARTA-FEIRA DA SEMANA SANTA**
Cor Roxa
Is 50,4-9a / Sl 68/ Mt 26,14-25

2 **CEIA DO SENHOR**
Cor Branca
Ex 12,1-8.11-14/ Sl 115/ 1Cor 11,23-26/ Jo 13,1-15

3 **PAIXÃO DO SENHOR**
Cor Vermelha
Is 52,13-53,12/ Sl 30/ Hb 4,14-16;5,7-9/ Jo 18,1-19,42

4 **SÁBADO SANTO - VIGÍLIA PASCAL**
Cor Branca
Gn 1,1-2,2 ou Gn 1,1.26-31a/ Sl 103/ Gn 22,1-18 ou Gn 22,1-2.9a.10-13.15-18/ Sl 15/ Ex 14,15-15,1/ Ct.: Ex 15/ Is 54,5-14/ Sl 29/ Is 55,1-11/ Ct. Is 12/ Br 3,9-15.32-4,4/ Sl 18/ Ez 36,16-28/ Sl 41/ Rm 6,3-11/ Sl 117/ Mt 28,1-10

5 **PÁSCOA DO SENHOR, SOLENIDADE**
Cor Branca
At 10,34a.37-43/Sl 117/Cl 3,1-4 ou 1Cor 5,6b-8/ Jo 20,1-9

6 **SEGUNDA-FEIRA DA OITAVA DA PÁSCOA**
Cor Branca
At 2,14.22-32/ Sl 15/ Mt 28,8-15

7 **TERÇA-FEIRA DA OITAVA DA PÁSCOA**
Cor Branca
At 2,36-41/ Sl 32/ Jo 20,11-18

8 **QUARTA-FEIRA DA OITAVA DA PÁSCOA**
Cor Branca
At 3,1-10/ Sl 104/ Lc 24,13-35

9 **QUINTA-FEIRA DA OITAVA DA PÁSCOA**
Cor Branca
At 3,11-26/ Sl 8/ Lc 24,35-48

10 **SEXTA-FEIRA DA OITAVA DA PÁSCOA**
Cor Branca
At 4,1-12/ Sl 117/ Jo 21,1-14

11 **SÁBADO DA OITAVA DA PÁSCOA**
Cor Branca
At 4,13-21/ Sl 117/ Mc 16,9-15

12 **2º DOMINGO DA PÁSCOA**
Cor Branca
Domingo da Divina Misericórdia
At 2,42-47/ Sl 117/ 1Pd 1,3-9/ Jo 20,19-31

13 **2ª SEMANA DA PÁSCOA**
Cor Branca
At 4,23-31/ Sl 2/ Jo 3,1-8

14 **2ª SEMANA DA PÁSCOA**
Cor Branca
At 4,32-37/ Sl 92/ Jo 3,7b-15

15 **2ª SEMANA DA PÁSCOA**
Cor Branca
At 5,17-26/ Sl 33/ Jo 3,16-21

16 **2ª SEMANA DA PÁSCOA**
Cor Branca
At 5,27-33/ Sl 33/ Jo 3,31-36

17 **2ª SEMANA DA PÁSCOA**
Cor Branca
At 5,34-42/ Sl 26/ Jo 6,1-15

18 **2ª SEMANA DA PÁSCOA**
Cor Branca
At 6,1-7/ Sl 32/ Jo 6,16-21

19 **3º DOMINGO DA PÁSCOA**
Cor Branca
At 2,14.22-33/ Sl 15/ 1Pd 1,17-21/ Lc 24,13-35

20 **3ª SEMANA DA PÁSCOA**
Cor Branca
At 6,8-15/ Sl 118/ Jo 6,22-29

21 **3ª SEMANA DA PÁSCOA**
Cor Branca
At 7,51-8,1a/ Sl 30/ Jo 6,30-35

22 **3ª SEMANA DA PÁSCOA**
Cor Branca
At 8,1b-8/ Sl 65/ Jo 6,35-40

23 **3ª SEMANA DA PÁSCOA**
Cor Branca
S. Jorge, MFac.
At 8,26-40/ Sl 65/ Jo 6,44-51

24 **3ª SEMANA DA PÁSCOA**
Cor Branca
At 9,1-20/ Sl 116/ Jo 6,52-59

25 **S. MARCOS, EV., FESTA**
Cor Vermelha
1Pd 5,5b-14/ Sl 88/ Mc 16,15-20

26 **4º DOMINGO DA PÁSCOA**
Cor Branca
At 2,14a.36-41/ Sl 22/ 1Pd 2,20b-25/ Jo 10,1-10

27 **4ª SEMANA DA PÁSCOA**
Cor Branca
At 11,1-18/ Sl 41/ Jo 10,11-18

28 **4ª SEMANA DA PÁSCOA**
Cor Branca
At 11,19-26/ Sl 86/ Jo 10,22-30

29 **STA. CATARINA DE SENA, VGDRA., MEM.**
Cor Branca
At 12,24-13,5a/ Sl 66/ Jo 12,44-50

30 **4ª SEMANA DA PÁSCOA**
Cor Branca
At 13,13-25/ Sl 88/ Jo 13,16-20

MAIO

1 **4ª SEMANA DA PÁSCOA**
Cor Branca
S. José Operário, MFac.
At 13,26-33/ Sl 2/ Jo 14,1-6/
Leituras próprias: Gn 1,26-2,3 (Cl 3,14-15.17.23-24)
Sl 89;/ Mt 13,54-58

2 **STO. ATANÁSIO, BDR., MEM.**
Cor Branca
At 13,44-52/ Sl 97/ Jo 14,7-14

3 **5º DOMINGO DA PÁSCOA**
Cor Branca
At 6,1-7/ Sl 32/ 1Pd 2,4-9/ Jo 14,1-12

4 **5ª SEMANA DA PÁSCOA**
Cor Branca
At 14,5-18/ Sl 113B/ Jo 14,21-26

5 **5ª SEMANA DA PÁSCOA**
Cor Branca
At 14,19-28/ Sl 144/ Jo 14,27-31a

6 **5ª SEMANA DA PÁSCOA**
Cor Branca
At 15,1-6/ Sl 121/ Jo 15,1-8

7 **5ª SEMANA DA PÁSCOA**
Cor Branca
At 15,7-21/ Sl 95/ Jo 15,9-11

8 **5ª SEMANA DA PÁSCOA**
Cor Branca
At 15,22-31/ Sl 56/ Jo 15,12-17

9 **5ª SEMANA DA PÁSCOA**
Cor Branca
At 16,1-10/ Sl 99/ Jo 15,18-21

10 **6º DOMINGO DA PÁSCOA**
Cor Branca
At 8,5-8.14-17/ Sl 65/ 1Pd 3,15-18/ Jo 14,15-21

11 **6ª SEMANA DA PÁSCOA**
Cor Branca
At 16,11-15/ Sl 149/ Jo 15,26-16,4a

12 **6ª SEMANA DA PÁSCOA**
Cor Branca
At 16,22-34/ Sl 137/ Jo 16,5-11

13 **6ª SEMANA DA PÁSCOA**
Cor Branca
N. Senhora de Fátima, MFac.
At 17,15.22-18,1/ Sl 148/ Jo 16,12-15

14 **S. MATIAS, APÓSTOLO, FESTA**
Cor Branca
At 1,15-17.20-26/ Sl 112/ Jo 15,9-17

15 **6ª SEMANA DA PÁSCOA**
Cor Branca
At 18,9-18/ Sl 46/ Jo 16,20-23a

16 **6ª SEMANA DA PÁSCOA**
Cor Branca
At 18,23-28/ Sl 46/ Jo 16,23b-28

17 **ASCENSÃO DO SENHOR, SOLENIDADE**
Cor Branca
At 1,1-11/ Sl 46/ Ef 1,17-23
Mt 28,16-20

18 **7ª SEMANA DA PÁSCOA**
Cor Branca
At 19,1-8/ Sl 67/ Jo 16,29-33

19 **7ª SEMANA DA PÁSCOA**
Cor Branca
At 20,17-27/ Sl 67/ Jo 17,1-11a

20 **7ª SEMANA DA PÁSCOA**
Cor Branca
At 20,28-38/ Sl 67/ Jo 17,11b-19

21 **7ª SEMANA DA PÁSCOA**
Cor Branca
At 22,30;23,6-11/ Sl 15/ Jo 17,20-26

22 **7ª SEMANA DA PÁSCOA**
Cor Branca
Sta. Rita de Cássia, Rlg., MFac.
At 25,13b-21/ Sl 102/ Jo 21,15-19

23 **7ª SEMANA DA PÁSCOA**
Cor Branca
At 28,16-20.30-31/ Sl 10/ Jo 21,20-25

24 **PENTECOSTES, SOLENIDADE**
Cor Vermelha
At 2,1-11ª/ Sl 103/ 1Cor 12,3b-7.12-13/
Jo 20,19-23

25 **MARIA, MÃE DA IGREJA, MEM.**
Cor Branca
Gn 3,9-15.20 ou At 1,12-14/ Sl 86/ Jo 19,25-34

26 **S. FILIPE NÉRI, PRESB., MEM.**
Cor Branca
1Pd 1,10-16/ Sl 97/ Mc 10,28-31

27 **8ª SEMANA DO TEMPO COMUM**
Cor Verde
1Pd 1,18-25/ Sl 147/ Mc 10,32-45

28 **8ª SEMANA DO TEMPO COMUM**
Cor Verde
1Pd 2,2-5.9-12/ Sl 99/ Mc 10,46-52

29 **8ª SEMANA DO TEMPO COMUM**
Cor Verde
S. Paulo VI, Pp., MFac.
1Pd 4,7-13/ Sl 95/ Mc 11,11-26

30 **8ª SEMANA DO TEMPO COMUM**
Cor Verde
Jd 17.20b-25/ Sl 62/ Mc 11,27-33

31 **SANTÍSSIMA TRINDADE, SOLENIDADE**
Cor Branca
Ex 34,4b-6.8-9/ Ct.:Dn 3/ 2Cor 13,11-13/ Jo 3,16-18

1 S. JUSTINO, MT., MEM.
Cor Vermelha
2Pd 1,2-7/ Sl 90/ Mc 12,1-12

2 9ª SEMANA DO TEMPO COMUM
Cor Verde
2Pd 3,12-15a.17-18/ Sl 89/ Mc 12,13-17

3 S. CARLOS LWANGA E COMPS. MTS., MEM.
Cor Vermelha
2Tm 1,1-3.6-12/ Sl 122/ Mc 12,18-27

4 SANTÍSSIMO CORPO E SANGUE DE CRISTO, SOLENIDADE
Cor Branca
Dt 8,2-3.14b-16a/ Sl 147/ 1Cor 10,16-17/ Jo 6,51-58

5 S. BONIFÁCIO, BMT., MEM.
Cor Vermelha
2Tm 3,10-17/ Sl 118/ Mc 12,35-37

6 9ª SEMANA DO TEMPO COMUM
Cor Verde
2Tm 4,1-8/ Sl 70/ Mc 12,38-44

7 10º DOMINGO DO TEMPO COMUM
Cor Verde
Os 6,3-6/ Sl 49/ Rm 4,18-25/ Mt 9,9-13

8 10ª SEMANA DO TEMPO COMUM
Cor Verde
1Rs 17,1-6/ Sl 120/ Mt 5,1-12

9 S. JOSÉ DE ANCHIETA, PRESB., MEM.
Cor Branca
1Rs 17,7-16/ Sl 4/ Mt 5,13-16

10 10ª SEM\ANA DO TEMPO COMUM
Cor Verde
1Rs 18,20-39/ Sl 15/ Mt 5,17-19

11 S. BARNABÉ, AP., MEM.
Cor Verde
At 11,21b-26;13,1-3/ Sl 97/ Mt 10,7-13

12 SAGRADO CORAÇÃO DE JESUS, SOLENIDADE
Cor Branca
Dt 7,6-11/ Sl 102/ 1Jo 4,7-16/ Mt 11,25-30

13 SÁBADO
Imaculado Coração de Maria, PresbDr., Mem
Cor Branca
S. Antônio de Lisboa e de Pádua, PresbDr., Mem.
Is 61,9-11/ Ct.: 1Sm 2,1.4-5.6-7 8abcd/ Lc 2,41-51

14 11º DOMINGO DO TEMPO COMUM
Cor Verde
Ex 19,2-6a/ Sl 99/ Rm 5,6-11/ Mt 9,36-10,8

15 11ª SEMANA DO TEMPO COMUM
Cor Verde
1Rs 21,1-16/Sl 5/Mt 5,38-42

16 11ª SEMANA DO TEMPO COMUM
Cor Verde
1Rs 21,17-29/ Sl 50/ Mt 5,43-48

17 11ª SEMANA DO TEMPO COMUM
Cor Verde
2Rs 2,1.6-14/Sl 30/Mt 6,1-6.16-18

18 11ª SEMANA DO TEMPO COMUM
Cor Verde
Eclo 48,1-15/ Sl 96/ Mt 6,7-15

19 11ª SEMANA DO TEMPO COMUM
Cor Verde
2Rs 11,1-4.9-18.20/ Sl 131/ Mt 6,19-23

20 11ª SEMANA DO TEMPO COMUM
Cor Verde
2Cr 24,17-25/ Sl 88/ Mt 6,24-34

21 12º DOMINGO DO TEMPO COMUM
Cor Verde
S. Luís Gonzaga, Rlg., Mem.
Jr 20,10-13/ Sl 68/ Rm 5,12-15/ Mt 10,26-33

22 12ª SEMANA DO TEMPO COMUM
Cor Verde
2Rs 17,5-8.13-15a.18/ Sl 59/ Mt 7,1-5

23 12ª SEMANA DO TEMPO COMUM
Cor Verde
2Rs 19,9b-11.14-21.31-35a.36
Sl 47
Mt 7,6.12-14

24 NATIVIDADE DE S. JOÃO BATISTA, SOLENIDADE
Cor Branca
Is 49,1-6/ Sl 138/ At 13,22-26/ Lc 1,57-66.80

25 12ª SEMANA DO TEMPO COMUM
Cor Verde
2Rs 24,8-17/ Sl 78/ Mt 7,21-29

26 12ª SEMANA DO TEMPO COMUM
Cor Verde
2Rs 25,1-12/ Sl 136/ Mt 8,1-4

27 12ª SEMANA DO TEMPO COMUM
Cor Verde
Lm 2,2.10-14.18-19/ Sl 73/ Mt 8,5-17

28 S. PEDRO E S. PAULO, APS., SOLENIDADE
Cor Vermelha
At 12,1-11/ Sl 33/ 2Tm 4,6-8.17-18/ Mt 16,13-19

29 13ª SEMANA DO TEMPO COMUM
Cor Verde
Am 2,6-10.13-16/ Sl 49/ Mt 8,18-22

30 13ª SEMANA DO TEMPO COMUM
Cor Verde
Am 3,1-8;4,11-12/ Sl 5/ Mt 8,23-27

JULHO

1 **13ª SEMANA DO TEMPO COMUM**
Cor Verde
Am 5,14-15.21-24/ Sl 49/ Mt 8,28-34

2 **13ª SEMANA DO TEMPO COMUM**
Cor Verde
Am 7,10-17/ Sl 18/ Mt 9,1-8

3 **S. TOMÉ, AP., FESTA**
Cor Vermelha
Ef 2,19-22/ Sl 116/ Jo 20,24-29

4 **13ª SEMANA DO TEMPO COMUM**
Cor Verde
Sta. Isabel de Portugal, MFac.
Am 9,11-15/ Sl 84/ Mt 9,14-17

5 **14º DOMINGO DO TEMPO COMUM**
Cor Verde
Zc 9,9-10/ Sl 144/ Rm 8,9.11-13/ Mt 11,25-30

6 **14ª SEMANA DO TEMPO COMUM**
Cor Verde
Sta. Maria Goretti, VgMt., MFac.
Os 2,16.17b-18.21-22/ Sl 144/ Mt 9,18-26

7 **14ª SEMANA DO TEMPO COMUM**
Cor Verde
Os 8,4-7.11-13/ Sl 113B/ Mt 9,32-38

8 **14ª SEMANA DO TEMPO COMUM**
Cor Verde
Os 10,1-3.7-8.12/ Sl 104/ Mt 10,1-7

9 **STA. PAULINA, RLG., MEM.**
Cor Branca
Os 11,1-4.8c-9/ Sl 79/ Mt 10,7-15

10 **14ª SEMANA DO TEMPO COMUM**
Cor Verde
Os 14,2-10/ Sl 50/ Mt 10,16-23

11 **S. BENTO DE NÚRSIA, AB., MEM.**
Cor Branca
Is 6,1-8/ Sl 92/ Mt 10,24-33

12 **15º DOMINGO DO TEMPO COMUM**
Cor Verde
Is 55,10-11/ Sl 64/ Rm 8,18-23/ Mt 13,1-23

13 **15ª SEMANA DO TEMPO COMUM**
Cor Verde
Is 1,10-17/ Sl 49/ Mt 10,34–11,1

14 **15ª SEMANA DO TEMPO COMUM**
Cor Verde
S. Camilo de Lellis, Presb., MFac.
Is 7,1-9/ Sl 47/ Mt 11,20-24

15 **S. BOAVENTURA, BDR., MEM.**
Cor Branca
Is 10,5-7.13-16/ Sl 93/ Mt 11,25-27

16 **NOSSA SENHORA DO CARMO, FESTA**
Cor Branca
Zc 2,14-17/ Ct. Lc 1/ Mt 12,46-50

17 **BV. INÁCIO DE AZEVEDO E COMPS., MTS., MEM.**
Cor Vermelha
Is 38,1-6.21-22.7-8/ Ct. Is 38/ Mt 12,1-8

18 **15ª SEMANA DO TEMPO COMUM**
Cor Verde
Mq 2,1-5/ Sl 9B/ Mt 12,14-21

19 **16º DOMINGO DO TEMPO COMUM**
Cor Verde
Sb 12,13.16-19/ Sl 85/ Rm 8,26-27/Mt 13,24-43

20 **16ª SEMANA DO TEMPO COMUM**
Cor Verde
Mq 6,1-4.6-8/ Sl 49/ Mt 12,38-42

21 **16ª SEMANA DO TEMPO COMUM**
Cor Verde
Mq 7,14-15.18-20/ Sl 84/ Mt 12,46-50

22 **STA. MARIA MADALENA, FESTA**
Cor Branca
Ct 3,1-4a/ Sl 62/ Jo 20,1-2.11-18

23 **16ª SEMANA DO TEMPO COMUM**
Cor Verde
Jr 2,1-3.7-8.12-13/ Sl 35/ Mt 13,10-17

24 **16ª SEMANA DO TEMPO COMUM**
Cor Verde
Jr 3,14-17/ Ct. Jr 31/ Mt 13,18-23

25 **S. TIAGO, AP., FESTA**
Cor Verde
2Cor 4,7-15/ Sl 125/ Mt 20,20-28

26 **17º DOMINGO DO TEMPO COMUM**
S. Joaquim e Sant'Ana, pais de Maria, Mem.
Cor Branca
1Rs 3,5.7-12/ Sl 118/ Rm 8,28-30/ Mt 13,44-52

27 **17ª SEMANA DO TEMPO COMUM**
Cor Verde
Jr 13,1-11/ Ct. Dt 32/ Mt 13,31-35

28 **17ª SEMANA DO TEMPO COMUM**
Cor Verde
Jr 14,17-22/ Sl 78/ Mt 13,36-43

29 **STA. MARTA, MARIA E LÁZARO, MEM.**
Cor Branca
1Jo 4,7-16/ Sl 33/ Jo 11,19-27 ou Lc 10,38-42

30 **17ª SEMANA DO TEMPO COMUM**
Cor Verde
S. Pedro Crisólogo, Bispo, MFac.
Jr 18,1-6/ Sl 145/ Mt 13,47-53

31 **STO. INÁCIO DE LOYOLA, PRESB., MEM.**
Cor Branca
Jr 26,1-9/ Sl 68/ Mt 13,54-58

1 **STO. AFONSO MARIA DE LIGÓRIO, BDR. MEM.**
Cor Branca
Jr 26,11-16.24/ Sl 68/ Mt 14,1-12

2 **18º DOMINGO DO TEMPO COMUM**
Cor Verde
Is 55,1-3 / Sl 144/ Rm 8,35.37-39/ Mt 14,13-21

3 **18ª SEMANA DO TEMPO COMUM**
Cor Verde
Jr 28,1-17/ Sl 118/ Mt 14,22-36

4 **S. JOÃO MARIA VIANNEY, PRESB., MEM.**
Cor Branca
Jr 30,1-2.12-15.18-22/ Sl 101/ Mt 15,1-2.10-14

5 **18ª SEMANA DO TEMPO COMUM**
Cor Verde
Dedicação Basílica de Sta. Maria Maior, MFac.
Jr 31,1-7 Ct. Jr 31/ Mt 15,21-28

6 **TRANSFIGURAÇÃO DO SENHOR, FESTA**
Cor Branca
Dn 7,9-10,13-14 ou 2Pd 1,16-19/ Sl 96/ Mt 17,1-9

7 **18ª SEMANA DO TEMPO COMUM**
Cor Verde
Na 2,1.3;3,1-3.6-7/ Ct. Dt 32/ Mt 16,24-28

8 **S. DOMINGOS, PRESB., MEM.**
Cor Branca
Hab 1,12-2,4/ Sl 9A/ Mt 17,14-20

9 **19º DOMINGO DO TEMPO COMUM**
Cor Verde
1Rs 19,9a.11-13ª/ Sl 84/ Rm 9,1-5/ Mt 14,22-33

10 **S. LOURENÇO, DIÁC. MT., FESTA**
Cor Vermelha
2Cor 9,6-10/ Sl 111/ Jo 12,24-26

11 **STA. CLARA, VG., MEM.**
Cor Branca
Ez 2,8–3,4/ Sl 118/ Mt 18,1-5.10.12-14

12 **19ª SEMANA DO TEMPO COMUM**
Cor Verde
Ez 9,1-7.10,18-22/ Sl 112/ Mt 18,15-20

13 **STA. DULCE DOS POBRES, VG., MEM.**
Cor Branca
Ez 12,1-12/ Sl 77/ Mt 18,21-19,1

14 **S. MAXIMILIANO MARIA KOLBE, PRESBMT., MEM.**
Cor Vermelha
Ez 16,1-15.60.63/ Ct. Is 12/ Mt 19,3-12

15 **19ª SEMANA DO TEMPO COMUM**
Cor Verde
Ez 18,1-10.13b.30-32/ Sl 50/ Mt 19,13-15

16 **ASSUNÇÃO DE NOSSA SENHORA, SOLENIDADE**
Cor Branca
Ap 11,19a;12,1-6a.10ab/ Sl 44/ 1Cor 15,20-27ª/ Lc 1,39-56

17 **20ª SEMANA DO TEMPO COMUM**
Cor Verde
Ez 24,15-24/ Ct. Dt 32/ Mt 19,16-22

18 **20ª SEMANA DO TEMPO COMUM**
Cor Verde
Ez 28,1-10/ Ct. Dt 32/ Mt 19,23-30

19 **20ª SEMANA DO TEMPO COMUM**
Cor Verde
S. João Eudes, Presb., MFac.
Ez 34,1-11/ Sl 22/ Mt 20,1-16a

20 **S. BERNARDO, ABDR. MEM.**
Cor Branca
Ez 36,23-28/ Sl 50/ Mt 22,1-14

21 **S. PIO X, PP., MEM.**
Cor Branca
Ez 37,1-14/ Sl 106/ Mt 22,34-40

22 **NOSSA SENHORA RAINHA, MEM.**
Cor Branca
Is 9,1-6/ Sl 112/ Lc 1,26-38

23 **21º DOMINGO DO TEMPO COMUM**
Cor Verde
Is 22,19-23/ Sl 137/ Rm 11,33-36/ Mt 16,13-20

24 **S. BARTOLOMEU, AP., FESTA**
Cor Vermelha
Ap 21,9b-14/ Sl 144/ Jo 1,45-51

25 **21ª SEMANA DO TEMPO COMUM**
Cor Verde
2Ts 2,1-3a.14-17/ Sl 95/ Mt 23,23-26

26 **21ª SEMANA DO TEMPO COMUM**
Cor Verde
2Ts 3,6-10.16-18/ Sl 127/ Mt 23,27-32

27 **STA. MÔNICA, MEM.**
Cor Branca
1Cor 1,1-9/ Sl 144/ Mt 24,42-51

28 **STO. AGOSTINHO, BDR., MEM.**
Cor Branca
1Cor 1,17-25/ Sl 32/ Mt 25,1-13

29 **MARTÍRIO DE S. JOÃO BATISTA, MEM.**
Cor Vermelha
Jr 1,17-19/ Sl 70/ Mc 6,17-29

30 **22º DOMINGO DO TEMPO COMUM**
Cor Verde
Jr 20,7-9; Sl 62/ Rm 12,1-2/ Mt 16,21-27

31 **22ª SEMANA DO TEMPO COMUM**
Cor Verde
1Cor 2,1-5/ Sl 118/ Lc 4,16-30

SETEMBRO

1 **22ª SEMANA DO TEMPO COMUM**
Cor Verde
1Cor 2,10b-16
Sl 144
Lc 4,31-37

2 **22ª SEMANA DO TEMPO COMUM**
Cor Verde
1Cor 3,1-9/
Sl 32/
Lc 4,38-44

3 **S. GREGÓRIO MAGNO, PPDR., MEM.**
Cor Branca
1Cor 3,18-23/ Sl 23/ Lc 5,1-11

4 **22ª SEMANA DO TEMPO COMUM**
Cor Verde
1Cor 4,1-5/ Sl 36/ Lc 5,33-39

5 **22ª SEMANA DO TEMPO COMUM**
Cor Verde
Sta. Teresa de Calcutá, Rlg., MFac.
1Cor 4,6b-15/ Sl 144/ Lc 6,1-5

6 **23º DOMINGO DO TEMPO COMUM**
Cor Verde
Ez 33,7-9/ Sl 94/ Rm 13,8-10/ Mt 18,15-20

7 **23ª SEMANA DO TEMPO COMUM**
Cor Verde
1Cor 5,1-8/ Sl 5/ Lc 6,6-11

8 **NATIVIDADE DE NOSSA SENHORA, FESTA**
Cor Branca
Mq 5,1-4a ou Rm 8,28-30/ Sl 70/ Mt 1,1-16.18-23 ou Mt 1,18-23

9 **23ª SEMANA DO TEMPO COMUM**
Cor Verde
1Cor 7,25-31/ Sl 44/ Lc 6,20-26

10 **23ª SEMANA DO TEMPO COMUM**
Cor Verde
1Cor 8,1b-7.11-13/ Sl 138/ Lc 6,27-38

11 **23ª SEMANA DO TEMPO COMUM**
Cor Verde
1Cor 9,16-19.22b-27/ Sl 83/ Lc 6,39-42

12 **23ª SEMANA DO TEMPO COMUM**
Cor Verde
1Cor 10,14-22/ Sl 115/ Lc 6,43-49

13 **24º DOMINGO DO TEMPO COMUM**
Cor Verde
Eclo 27,33–28,9/ Sl 102/ Rm 14,7-9; Mt 18,21-35

14 **EXALTAÇÃO DA STA. CRUZ, FESTA**
Cor Vermelha
Nm 21,4b-9 ou Fl 2,6-11/ Sl 77/ Jo 3,13-17

15 **N. SENHORA DAS DORES, MEM.**
Cor Branca
Hb 5,7-9/ Sl 30/ Jo 19,25-27 ou Lc 2,33-35

16 **S. CORNÉLIO, PPMT., S. CIPRIANO, BMT., MEM.**
Cor Vermelha
1Cor 12,31–13,1-13/ Sl 32/ Lc 7,31-35

17 **24ª SEMANA DO TEMPO COMUM**
Cor Verde
1Cor 15,1-11/ Sl 117/ Lc 7,36-50

18 **24ª SEMANA DO TEMPO COMUM**
Cor Verde
1Cor 15,12-20/ Sl 16/ Lc 8,1-3

19 **24ª SEMANA DO TEMPO COMUM**
Cor Verde
S. Januário, BMt., MFac.
1Cor 15,35-37.42-49/ Sl 55/ Lc 8,4-15

20 **25º DOMINGO DO TEMPO COMUM**
Cor Verde
Is 55,6-9/ Sl 144/ Fl 1,20c-24.27a/ Mt 20,1-16a

21 **S. MATEUS, AP., FESTA**
Cor Vermelha
Ef 4,1-7.11-13/ Sl 18/ Mt 9,9-13

22 **25ª SEMANA DO TEMPO COMUM**
Cor Verde
Pr 21,1-6.10-13/ Sl 118/ Lc 8,19-21

23 **S. PIO DE PIETRELCINA, PRESB., MEM.**
Cor Branca
Pr 30,5-9/ Sl 118/ Lc 9,1-6

24 **25ª SEMANA DO TEMPO COMUM**
Cor Verde
Ecl 1,2-11/ Sl 89/ Lc 9,7-9

25 **25ª SEMANA DO TEMPO COMUM**
Cor Verde
Ecl 3,1-11/ Sl 143/ Lc 9,18-22

26 **25ª SEMANA DO TEMPO COMUM**
Cor Verde
S. Cosme e Damião, Mts., MFac.
Ecl 11,9–12,8/ Sl 89/ Lc 9,43b-45

27 **26º DOMINGO DO TEMPO COMUM**
Cor Verde
Ez 18,25-28/ Sl 24/ Fl 2,1-11/ Mt 21,28-32

28 **26ª SEMANA DO TEMPO COMUM**
Cor Verde
Jó 1,6-22/ Sl 16/ Lc 9,46-50

29 **S. MIGUEL, GABRIEL E RAFAEL, ARCANJOS, FESTA**
Cor Branca
Dn 7,9-10.13-14 ou Ap 12,7-12a/ Sl 137/ Jo 1,47-51

30 **S. JERÔNIMO, PRESBDR., MEM.**
Cor Branca
Jó 9,1-12.14-16/ Sl 87/ Lc 9,57-62

1 **STA. TERESINHA DO MENINO JESUS, VGDRA., MEM.**
Cor Branca
Jó 19,21-27/ Sl 26/ Lc 10,1-12

2 **STOS. ANJOS DA GUARDA, MEM.**
Cor Branca
Êx 23,20-23/ Sl 90/ Mt 18,1-5.10

3 **STOS. ANDRÉ DE SOVERAL, AMBRÓSIO F. FERRO, PRESBS., COMPS. MTS., MEM.**
Cor Vermelha
Jó 42,1-3.5-6.12-16/ Sl 118/ Lc 10,17-24

4 **27º DOMINGO DO TEMPO COMUM**
Cor Verde
Is 5,1-7/ Sl 79/ Fl 4,6-9/ Mt 21,33-43

5 **27ª SEMANA DO TEMPO COMUM**
Cor Verde
S. Benedito, o Negro, Rlg., MFac.
Gl 1,6-12/ Sl 110/ Lc 10,25-37

6 **27ª SEMANA DO TEMPO COMUM**
Cor Verde
Gl 1,13-24/ Sl 138/ Lc 10,38-42

7 **NOSSA SENHORA DO ROSÁRIO, MEM.**
Cor Branca
At 1,12-14/ Ct. Lc 1/ Lc 1,26-38

8 **27ª SEMANA DO TEMPO COMUM**
Cor Verde
Gl 3,1-5/ Ct. Lc 1/ Lc 11,5-13

9 **27ª SEMANA DO TEMPO COMUM**
Cor Verde
Gl 3,7-14/ Sl 110/ Lc 11,15-26

10 **27ª SEMANA DO TEMPO COMUM**
Cor Verde
Gl 3,22-29/ Sl 104/ Lc 11,27-28

11 **28º DOMINGO DO TEMPO COMUM**
Cor Verde
Is 25,6-10a/ Sl 22/ Fl 4,12-14.19-20/ Mt 22,1-14

12 **NOSSA SENHORA DA CONCEIÇÃO APARECIDA, SOLENIDADE**
Cor Branca
Est 5,1b-2;7,2b-3/ Sl 44/ Ap 12,1.5.13a.15-16a/ Jo 2,1-11

13 **28ª SEMANA DO TEMPO COMUM**
Cor Verde
Gl 5,1-6/ Sl 118/ Lc 11,37-41

14 **28ª SEMANA DO TEMPO COMUM**
Cor Verde
S. Calixto I, PpMt., MFac.
Gl 5,18-25/ Sl 1/ Lc 11,42-46

15 **STA. TERESA DE JESUS, VGDRA., MEM.**
Cor Branca
Ef 1,1-10/ Sl 97/ Lc 11,47-54

16 **28ª SEMANA DO TEMPO COMUM**
Cor Verde
S. Geraldo Majela, Rlg. MFac.
Sta. Edwiges, Rlg., MFac.
Ef 1,11-14/ Sl 32/ Lc 12,1-7

17 **STO. INÁCIO DE ANTIOQUIA, BMT., MEM.**
Cor Vermelha
Ef 1,15-23/ Sl 8/ Lc 12,8-12

18 **29º DOMINGO DO TEMPO COMUM**
Cor Verde
Is 45,1.4-6/ Sl 95/ 1Ts 1,1-5b/ Mt 22,15-21

19 **29ª SEMANA DO TEMPO COMUM**
Cor Verde
Ef 2,1-10/ Sl 99/ Lc 12,13-21

20 **29ª SEMANA DO TEMPO COMUM**
Cor Verde
Ef 2,12-22/ Sl 84/ Lc 12,35-38

21 **29ª SEMANA DO TEMPO COMUM**
Cor Verde
Ef 3,2-12/ Ct. Is 12,2-6/ Lc 12,39-48

22 **29ª SEMANA DO TEMPO COMUM**
Cor Verde
S. João Paulo II, Pp., MFac.
Ef 3,14-21/ Sl 32/ Lc 12,49-53

23 **29ª SEMANA DO TEMPO COMUM**
Cor Verde
Ef 4,1-6/ Sl 23/ Lc 12,54-59

24 **29ª SEMANA DO TEMPO COMUM**
Cor Verde
Sto. Antonio Maria Claret, Bp, MFac.
Ef 4,7-16/ Sl 121/ Lc 13,1-9

25 **30º DOMINGO DO TEMPO COMUM**
Cor Verde
Ex 22,20-26/ Sl 17/ 1Ts 1,5c-10/ Mt 22,34-40

26 **30ª SEMANA DO TEMPO COMUM**
Cor Verde
Ef 4,32–5,8/ Sl 1/ Lc 13,10-17

27 **30ª SEMANA DO TEMPO COMUM**
Cor Verde
Ef 5,21-33/ Sl 127/ Lc 13,18-21

28 **S. JUDAS E S. SIMÃO, APS., FESTA**
Cor Verde
Ef 2,19-22/ Sl 18/ Lc 6,12-19

29 **30ª SEMANA DO TEMPO COMUM**
Cor Verde
Ef 6,10-20/ Sl 143/ Lc 13,31-35

30 **30ª SEMANA DO TEMPO COMUM**
Cor Verde
Fl 1,1-11/ Sl 110/ Lc 14,1-6

31 **30ª SEMANA DO TEMPO COMUM**
Cor Verde
Fl 1,18b-26/ Sl 41/ Lc 14,1.7-11

NOVEMBRO

1 TODOS OS SANTOS, SOLENIDADE
Cor Branca
Ap 7,2-4.9-14/ Sl 23/ 1Jo 3,1-3/ Mt 5,1-12a

2 COMEMORAÇÃO DE TODOS OS FIÉIS DEFUNTOS
Cor Roxa
Jó 19,1.23-27a/ Sl 24/ Fl 3,20-21/ Mc 15,33-39;16,1-6

3 S. MARTINHO DE LIMA, RLG., MEM.
Cor Branca
Fl 2,5-11/ Sl 21/ Lc 14,15-24

4 S. CARLOS BORROMEU, B., MEM.
Cor Branca
Fl 2,12-18/ Sl 26/ Lc 14,25-33

5 31ª SEMANA DO TEMPO COMUM
Cor Verde
Fl 3,3-8a/ Sl 104/ Lc 15,1-10

6 31ª SEMANA DO TEMPO COMUM
Cor Verde
Fl 3,1-4,1/ Sl 121/ Lc 16,1-8

7 31ª SEMANA DO TEMPO COMUM
Cor Verde
Fl 4,10-19/ Sl 111/ Lc 16,9-15

8 32º DOMINGO DO TEMPO COMUM
Cor Verde
Sb 6,12-16/ Sl 62/ 1Ts 4,13-18/ Mt 25,1-13

9 DEDICAÇÃO DA B. DO LATRÃO, FESTA
Cor Branca
Ez 47,1-2.8-9.12 ou 1Cor 3,9c-11.16-17/
Sl 45/ Jo 2,13-22

10 S. LEÃO MAGNO, PPDR., MEM.
Cor Branca
Tt 2,1-8.11-14/ Sl 36/ Lc 17,7-10

11 S. MARTINHO DE TOURS, B., MEM.
Cor Branca
Tt 3,1-7/ Sl 22/ Lc 17,11-19

12 S. JOSAFÁ, BMT., MEM
Cor Vermelha
Fm 7-20/ Sl 145/ Lc 17,20-25

13 32ª SEMANA DO TEMPO COMUM
Cor Verde
2Jo 1,4-9/ Sl 118/ Lc 17,26-37

14 32ª SEMANA DO TEMPO COMUM
Cor Verde
3Jo 1,5-8/ Sl 111/Lc 18,1-8

15 33º DOMINGO DO TEMPO COMUM
Cor Verde
Pr 31,10-13.19-20.30-31/ Sl 127/ 1Ts 5,1-6/
Mt 25,14-30

16 33ª SEMANA DO TEMPO COMUM
Cor Verde
Ap 1,1-4.2,1-5a/ Sl 1/ Lc 18,35-43

17 STA. ISABEL DA HUNGRIA, RLG., MEM.
Cor Branca
Ap 3,1-6.14-22/ Sl 14/ Lc 19,1-10

18 33ª SEMANA DO TEMPO COMUM
Cor Verde
Dedicação das Basílicas de S. Pedro e S. Paulo, MFac.
Ap 4,1-11/ Sl 150/ Lc 19,11-28

19 SS. ROQUE GONZÁLEZ, AFONSO RODRÍGUEZ, JOÃO DEL CASTILLO, PRESBSMTS., MEM.
Cor Vermelha
Ap 5,1-10/ Sl 149/ Lc 19,41-44

20 33ª SEMANA DO TEMPO COMUM
Cor Verde
Ap 10,8-11/ Sl 118/ Lc 19,45-48

21 APRESENTAÇÃO DE NOSSA SENHORA, MEM.
Cor Branca
Zc 2,14-17/ Ct. Lc 1/ Mt 12,46-50

22 JESUS CRISTO, REI DO UNIVERSO, SOLENIDADE
Cor Branca
Ez 34,11-12.15-17/ Sl 22/ 1Cor 15,20-26.28/
Mt 25,31-46

23 34ª SEMANA DO TEMPO COMUM
Cor Verde
Ap 14,1-3.4b-5/ Sl 23/ Lc 21,1-4

24 STO. ANDRÉ DUNG-LAC, PRESB. E COMPS. MTS., MEM.
Cor Vermelha
Ap 14,14-19/ Sl 95/ Lc 21,5-11

25 34ª SEMANA DO TEMPO COMUM
Cor Verde
Ap 15,1-4/ Sl 97/ Lc 21,12-19

26 34ª SEMANA DO TEMPO COMUM
Cor Verde
Ap 18,1-2.21-23;19,1-3.9a/ Sl 99/ Lc 21,20-28

27 34ª SEMANA DO TEMPO COMUM
Cor Verde
Ap 20,1-4.11–21,2/ Sl 83/ Lc 21,29-33

28 34ª SEMANA DO TEMPO COMUM
Cor Verde
Ap 22,1-7/ Sl 94/ Lc 21,34-36

29 1º DOMINGO DO TEMPO DO ADVENTO
Cor Roxa
Is 63,16b-17.19b;64,2b-7/ Sl 79/ 1Cor 1,3-9/ Mc 13,33-37

30 STO. ANDRÉ, AP., FESTA
Cor Vermelha
Rm 10,9-18/ Sl 18a/ Mt 4,18-22

1 **1ª SEMANA DO ADVENTO**
Cor Roxa
Is 11,1-10/ Sl 71/ Lc 10,21-24

2 **1ª SEMANA DO ADVENTO**
Cor Roxa
Is 25,6-10a/ Sl 22/ Mt 15,29-37

3 **S. FRANCISCO XAVIER, PRESB., MEM.**
Cor Branca
Is 26,1-6/ Sl 117/ Mt 7,21.24-27

4 **1ª SEMANA DO ADVENTO**
Cor Roxa
S. João Damasceno, PresbDr., MFac.
Is 29,17-24/ Sl 26/ Mt 9,27-31

5 **1ª SEMANA DO ADVENTO**
Cor Roxa
Is 30,19-21.23-26/ Sl 146/ Mt 9,35–10,1.6-8

6 **2º DOMINGO DO ADVENTO**
Cor Roxa
Is 40,1-5.9-11/ Sl 84/ 2Pd 3,8-14/ Mc 1,1-8

7 **STO. AMBRÓSIO, BDR., MEM.**
Cor Branca
Is 35,1-10/ Sl 84/ Lc 5,17-26

8 **IMACULADA CONCEIÇÃO DA VIRGEM MARIA, SOLENIDADE.**
Cor Branca
Gn 3,9-15.20/ Sl 97/ Ef 1,3-6.11-12/ Lc 1,26-38

9 **2ª SEMANA DO ADVENTO**
Cor Roxa
Is 40,25-31/ Sl 102/ Mt 11,28-30

10 **2ª SEMANA DO ADVENTO**
Cor Roxa
Is 41,13-20/ Sl 144/ Mt 11,11-15

11 **2ª SEMANA DO ADVENTO**
Cor Roxa
Is 48,17-19/ Sl 1/ Mt 11,16-19

12 **NOSSA SENHORA DE GUADALUPE, FESTA**
Cor Branca
Gl 4,4-7/ Sl 95/ Lc 1,39-47

13 **3º DOMINGO DO ADVENTO**
Cor Roxa ou Rósea
Is 61,1-2a.10-11/ Ct. Lc 1/ 1Ts 5,16-24/ Jo 1,6-8.19-28

14 **S. JOÃO DA CRUZ, PRESBDR., MEM.**
Cor Roxa
Nm 24,2-7.15-17a/ Sl 24/ Mt 21,23-27

15 **3ª SEMANA DO ADVENTO**
Cor Roxa
Sf 3,1-2.9-13/ Sl 33/ Mt 21,28-32

16 **3ª SEMANA DO ADVENTO**
Cor Roxa
Is 45,6b-8.18.21b-25/ Sl 84/ Lc 7,19-23

17 **PREPARAÇÃO PRÓXIMA DO NATAL**
Cor Roxa
Gn 49,2.8-10/ Sl 71/ Mt 1,1-17

18 **PREPARAÇÃO PRÓXIMA DO NATAL**
Cor Roxa
Jr 23,5-8/ Sl 71/ Mt 1,18-24

19 **PREPARAÇÃO PRÓXIMA DO NATAL**
Cor Roxa
Jz 13,2-7.24-25a/ Sl 70/ Lc 1,5-25

20 **4º DOMINGO DO ADVENTO**
Cor Roxa
2Sm 7,1-5.8b-12.14a.16/ Sl 88/ Rm 16,25-27/
Lc 1,26-38

21 **PREPARAÇÃO PRÓXIMA DO NATAL**
Cor Roxa
Ct 2,8-14/ Sl 32/ Lc 1,39-45

22 **PREPARAÇÃO PRÓXIMA DO NATAL**
Cor Roxa
1Sm 1,24-28/ Ct.1Sm 2/ Lc 1,46-56

23 **PREPARAÇÃO PRÓXIMA DO NATAL**
Cor Roxa
Ml 3,1-4.23-24/ Sl 24/ Lc 1,57-66

24 **PREPARAÇÃO PRÓXIMA DO NATAL**
Cor Roxa
2Sm 7,1-5.8b-12.14a.16/ Sl 88/ Lc 1,67-79

25 **NATAL DO SENHOR, SOLENIDADE.**
Cor Branca
Missa da Noite: Is 9,1-6; Sl 95; Tt 2,11-14; Lc 2,1-14
Missa do Dia: Is 52,7-10; Sl 97; Hb 1,1-6; Jo 1,1-18

26 **STO. ESTÊVÃO, PROTOMÁRTIR. FESTA**
Cor Vermelha
At 6,8-10.7,54-59/ Sl 30/ Mt 10,17-22

27 **SAGRADA FAMÍLIA, JESUS, MARIA E JOSÉ, FESTA**
Cor Branca
Eclo 3,3-7.14-17a/Sl 127/ Cl 3,12-21/ Lc 2,22-40

28 **SANTOS INOCENTES, MTS., FESTA**
Cor Vermelha
1Jo 1,5–2,2/ Sl 123/ Mt 2,13-18

29 **5º DIA NA OITAVA DO NATAL DO SENHOR**
Cor Branca
1Jo 2,3-11/ Sl 95/ Lc 2,22-35

30 **6º DIA NA OITAVA DO NATAL DO SENHOR**
Cor Branca
1Jo 2,12-17/ Sl 95/ Lc 2,36-40

31 **7º DIA NA OITAVA DO NATAL DO SENHOR**
Cor Branca
S. Silvestre, Pp., MFac.
1Jo 2,18-21/ Sl 95/ Jo 1,1-18/

Calendário 2027

JANEIRO

D	S	T	Q	Q	S	S
					1	2
3	4	5	6	7	8	9
10	11	12	13	14	15	16
17	18	19	20	21	22	23
24/31	25	26	27	28	29	30

1 • Ano-Novo

FEVEREIRO

D	S	T	Q	Q	S	S
	1	2	3	4	5	6
7	8	9	10	11	12	13
14	15	16	17	18	19	20
21	22	23	24	25	26	27
28						

9 • Carnaval

MARÇO

D	S	T	Q	Q	S	S
	1	2	3	4	5	6
7	8	9	10	11	12	13
14	15	16	17	18	19	20
21	22	23	24	25	26	27
28	29	30	31			

26 • Sexta-feira da Paixão
28 • Páscoa

ABRIL

D	S	T	Q	Q	S	S
				1	2	3
4	5	6	7	8	9	10
11	12	13	14	15	16	17
18	19	20	21	22	23	24
25	26	27	28	29	30	

21 • Tiradentes

MAIO

D	S	T	Q	Q	S	S
						1
2	3	4	5	6	7	8
9	10	11	12	13	14	15
16	17	18	19	20	21	22
23/30	24/31	25	26	27	28	29

1 • Dia do Trabalhador
27 • Corpus Christi

JUNHO

D	S	T	Q	Q	S	S
		1	2	3	4	5
6	7	8	9	10	11	12
13	14	15	16	17	18	19
20	21	22	23	24	25	26
27	28	29	30			

JULHO

D	S	T	Q	Q	S	S
				1	2	3
4	5	6	7	8	9	10
11	12	13	14	15	16	17
18	19	20	21	22	23	24
25	26	27	28	29	30	31

AGOSTO

D	S	T	Q	Q	S	S
1	2	3	4	5	6	7
8	9	10	11	12	13	14
15	16	17	18	19	20	21
22	23	24	25	26	27	28
29	30	31				

SETEMBRO

D	S	T	Q	Q	S	S
			1	2	3	4
5	6	7	8	9	10	11
12	13	14	15	16	17	18
19	20	21	22	23	24	25
26	27	28	29	30		

7 • Independência do Brasil

OUTUBRO

D	S	T	Q	Q	S	S
					1	2
3	4	5	6	7	8	9
10	11	12	13	14	15	16
17	18	19	20	21	22	23
24/31	25	26	27	28	29	30

12 • Nossa Senhora Aparecida
Dia das crianças

NOVEMBRO

D	S	T	Q	Q	S	S
	1	2	3	4	5	6
7	8	9	10	11	12	13
14	15	16	17	18	19	20
21	22	23	24	25	26	27
28	29	30				

2 • Finados
15 • Proclamação da República
20 • Dia nacional de Zumbi e da Consciência Negra

DEZEMBRO

D	S	T	Q	Q	S	S
			1	2	3	4
5	6	7	8	9	10	11
12	13	14	15	16	17	18
19	20	21	22	23	24	25
26	27	28	29	30	31	

25 • Natal